INVENTAIRE
V 54636
AF465793

LA

TENUE DES LIVRES

TELLE QU'ON LA PRATIQUE RÉELLEMENT

DANS LE COMMERCE ET DANS LA BANQUE,

OU

COURS COMPLET DE COMPTABILITÉ COMMERCIALE

Essentiellement pratique et méthodique, et exempt de toute innovation dangereuse,

A L'USAGE DES ÉCOLES

ET DE TOUS CEUX QUI VEULENT BIEN CONNAITRE CETTE SCIENCE.

OUVRAGE EMPLOYÉ DANS LES COLLÉGES ET DANS LES ÉCOLES SUPÉRIEURES DE LA VILLE DE PARIS ET DES PRINCIPALES VILLES DE FRANCE, COMME LA MEILLEURE MÉTHODE DE TENUE DES LIVRES QUI AIT PARU JUSQU'A CE JOUR.

PAR

HIPPOLYTE VANNIER,

Professeur de Comptabilité à l'École supérieure du Commerce et au Lycée Charlemagne, Auteur d'Ouvrages didactiques adoptés par l'Université.

EXERCICES PRATIQUES,

COMPOSÉS D'UNE COMPTABILITÉ DE 120 ARTICLES VARIÉS, NON COMPRIS LES ARTICLES D'INVENTAIRE.

6e TIRAGE.

PARIS

LOUIS COLAS ET Ce, LIBRAIRES-ÉDITEURS,

RUE DAUPHINE, 26;

ET CHEZ MM. LANGLOIS ET LECLERCQ; L. HACHETTE ET Ce;

DÉZOBRY ET MAGDELEINE; GUILLAUMIN ET Ce.

1858

LA

TENUE DES LIVRES.

V 54636

TYPOGRAPHIE HENNUYER, RUE DU BOULEVARD, 7. BATIGNOLLES.
Boulevard extérieur de Paris.

LA

TENUE DES LIVRES

TELLE QU'ON LA PRATIQUE RÉELLEMENT

DANS LE COMMERCE ET DANS LA BANQUE,

OU

COURS COMPLET DE COMPTABILITÉ COMMERCIALE

Essentiellement pratique et méthodique, et exempt de toute innovation dangereuse,

A L'USAGE DES ÉCOLES

ET DE TOUS CEUX QUI VEULENT BIEN CONNAITRE CETTE SCIENCE.

OUVRAGE EMPLOYÉ DANS LES COLLÉGES ET DANS LES ÉCOLES SUPÉRIEURES DE LA VILLE DE PARIS ET DES PRINCIPALES VILLES DE FRANCE, COMME LA MEILLEURE MÉTHODE DE TENUE DES LIVRES QUI AIT PARU JUSQU'A CE JOUR.

PAR

HIPPOLYTE VANNIER,

Professeur de Comptabilité à l'École supérieure du Commerce et au Lycée Charlemagne, Auteur d'Ouvrages didactiques adoptés par l'Université.

EXERCICES PRATIQUES,

COMPOSÉS D'UNE COMPTABILITÉ DE 120 ARTICLES VARIÉS, NON COMPRIS LES ARTICLES D'INVENTAIRE.

6e TIRAGE.

PARIS,

LOUIS COLAS ET Ce, LIBRAIRES-ÉDITEURS,

RUE DAUPHINE, 26,

ET CHEZ MM. LANGLOIS ET LECLERCQ; L. HACHETTE ET Ce;

DEZOBRY ET MAGDELEINE; GUILLAUMIN ET Ce.

1858

PRÉFACE.

Nous avons toujours pensé qu'une méthode ne peut être réellement utile qu'autant qu'elle est simple et appropriée à toutes les intelligences, et le succès inespéré de la première partie de cet ouvrage est venu nous affermir dans notre opinion.

Voici la seconde partie.

Encouragé par l'approbation de nos lecteurs, nous n'avons laissé passer aucun des exercices qu'elle contient sans faire une analyse minutieuse de toutes les difficultés qu'elle pouvait offrir, de manière à les aplanir entièrement.

La première partie renferme, y compris les articles d'inventaire, environ 80 exemples, et celle-ci, non compris les mêmes articles, environ 120, en tout 200 exemples pratiques. Ces 200 exemples, variés autant que possible, présentent à peu près tous les cas que l'on rencontre le plus habituellement dans les affaires, ou, si nous en avons omis quelques-uns, c'est qu'ils avaient une trop grande analogie avec ceux que nous avons choisis, et nous croyons avoir mis nos lecteurs à même de comprendre ce qui nous reste à leur dire pour compléter notre ouvrage.

Nous avons encore à traiter des Comptabilités en Société, des Comptes en Participation, des Comptes d'Immeubles, des Comptes de Cargaison, des Comptes en Banque, des Comptabilités par Actions, des Liquidations, et enfin de toutes les difficultés les plus sérieuses de la Tenue des Livres : telle est la matière de la troisième et dernière partie que nous allons composer.

Quand nous aurons épuisé toutes ces questions intéressantes, nous aurons fourni une si grande quantité d'exercices, qu'aucun traité de Tenue des Livres n'aura jamais atteint la moitié du nombre que nous en aurons donné, si surtout on ne compte que pour un les articles qui se répètent inutilement dans les autres méthodes.

Quelle que soit l'aridité du travail que nous avons entrepris, nous le poursuivrons activement jusqu'à la fin, et si, en l'achevant, nous arrivons à rendre la Tenue des Livres claire, simple et facile, nous aurons recueilli tout le fruit que nous osons attendre de nos efforts.

Paris, le 15 janvier 1846.

TABLE DES MATIÈRES.

FIN DE LA TABLE.

LA

TENUE DES LIVRES

TELLE QU'ON LA PRATIQUE RÉELLEMENT DANS LE COMMERCE

ET DANS LA BANQUE.

PARTIE DE L'ÉLÈVE.

Cette partie se compose de la Main Courante qui renferme tous les éléments de la comptabilité.

C'est avec la Main Courante que l'Élève doit composer les Livres Auxiliaires et les Livres Principaux. Les notions de tenue des livres que nous avons données dans le premier volume le guideront pour établir toute la comptabilité qui fait l'objet de celui-ci. Ainsi les exercices que nous allons proposer ne demandent que la connaissance des principes que nous avons déjà posés ; car nous voulons habituer nos lecteurs à passer tous les articles les plus usuels, avant de les initier aux difficultés les plus sérieuses comprises dans le troisième volume qui complète notre ouvrage.

Ces nouveaux exemples, quoique présentés sous la forme la plus simple, suffiront néanmoins pour démontrer qu'il faut plus de pratique que ne le supposaient nos devanciers pour faire un bon teneur de livres, et l'on ne devra point s'étonner de voir l'élève hésiter et prendre plus d'une fois la mauvaise route, avant d'arriver à la solution du problème. Nous ajouterons que les articles de cette nouvelle

Main Courante exigent plus de raisonnement que ceux qu'on a déjà vus, et que la gradation méthodique des difficultés qui sont contenues dans ce volume est bien propre à préparer à l'étude plus laborieuse du dernier volume.

MAIN COURANTE.

MAIN-COURANTE.

1.

1. — Du 1er janvier 1844. —		
Mon père m'a fait présent de 4 balles de soie qui composent tout m/ actif, et que je porte à un compte spécial intitulé SOIES ; savoir :		
N° 1, 1 b/ grége, Brousse, net k. 94 90, à fr. 25 20 2391 50		
» 2, 1 b/ organsin....... — 45 69, — 41 » 1873 30		
» 3, 1 b/ grége, Perse, fine. — 90 », — 24 50 2205 »		
» 4, 1 b/ trame de pays.. — 35 85, — 45 70 1638 35	8108	15
2. — du 1er idem. —		
M/ oncle Gabarrot, à Paris, me remet, à titre de prêt, une somme de 12000 fr. en espèces, dont je lui paierai l'intérêt à 5 p. °/₀ l'an, ci......................................	12000	»
3. — du 2 idem. —		
Je verse à la caisse de Barbier, banquier, à Paris, avec qui j'aurai un compte courant portant intérêts à 5 p. °/₀ l'an, une somme de......................................	9000	»
4. — du 2 idem. —		
Je compte 900 fr. en espèces au propriétaire de la maison, n° 15, rue Rambuteau, pour 6 mois de loyer payés par avance du magasin où je m'établis, ci......................	900	»
5. — du 2 idem. —		
Je règle avec Javel, menuisier, à Paris, son mémoire ainsi établi :		
Prix d'un bureau et d'un casier.................. 72 »		
Id. d'un comptoir.............................. 68 »		
Bois, façon et posage de rayons dans le magasin..... 65 »		
Total..... 205 »		
Rabais 1/5..................................... 41 »		
Net...... 164 »		
Somme qu'il fera recevoir le 13 courant, ci................	164	»

6. ——— du 3 janvier 1844. ———		
J'achette, contre espèces, pour l'usage de m/ magasin,		
3 stères de bois, à fr. 32 » le stère........ 96 »		
Escompte 6 p. % 5 75		
Net........	90	25
7. ——— du 4 idem. ———		
J'achette et je paie en espèces une caisse ou coffre-fort pour serrer m/ argent et mes valeurs de portefeuille........	120	»
8. ——— du 4 idem. ———		
Dufor, à Paris, me livre un calorifère pour le prix de 100 fr. payables comptant, c'est-à-dire à présentation de sa facture, ci........	100	»
9. ——— du 5 idem. ———		
Je vends à Bertet, à Valenciennes,		
N° 2, 1 b/ organsin, net k. 45 69, à fr. 61 »..... 2787 10		
Escompte 13 p. %........ 362 30		
Net..... 2424 80		
Payables en son règlement à 90 jours, ci........	2424	80
10. ——— du 5 idem. ———		
Je donne à ma femme pour les besoins du ménage une somme de........	250	»
11. ——— du 6 idem. ———		
Aujourd'hui samedi je fais m/ caisse.		
L'addition de m/ livre de caisse me donne le résultat suivant :		
Addition du Doit........ 12000 »		
Addition de l'Avoir........ 10360 25		
Différence exprimant le montant des espèces qu'il doit y avoir dans la caisse........ 1639 75		
Je suppose que je compte mes espèces et que je trouve dans ma caisse........ 1689 75		
Au lieu de........ 1639 75		
Différence indiquant qu'il y a dans la caisse de plus qu'il ne devrait y avoir........ 50 »		

8.

Je suppose encore qu'après de longues recherches je ne sois point parvenu à découvrir m/ erreur, et que je me décide à faire disparaître cette irrégularité.

Je fais en conséquence un article au Journal de...... 50 »

12. ——— du 8 janvier 1844. ———

Aujourd'hui lundi le boulanger me présente une note de 50 fr. qu'il devait présenter samedi dernier, et, en la payant, je me rappelle que ma femme m'avait laissé 50 fr. sur les 250 fr. que j'avais portés en dépense pour les besoins du ménage, afin que je pusse acquitter cette note sans avoir à faire une nouvelle écriture.

Cela explique la différence de 50 fr. trouvée en boni, en faisant la caisse, le 6 courant.

Ma caisse se trouvant juste après le paiement de ces 50 fr., je contrepasse l'article du 6 courant, ci.............. 50 »

13. ——— du 8 idem. ———

Je reçois de Bertet, à Valenciennes :

N° 101, s/ b^{et} à mon ord/, 10 avril............... 1000 »
» 102, id........ 10 id................. 1000 »
» 103, id........ 15 id................ 424 80 — 2424 80

14. ——— du 9 idem. ———

J'achette de Varin j^{ne}, à Paris,

20 douz. fichus semés de bouquets, à fr. 50. ».... 1000 »

Et je lui donne en paiement,

N° 101, s/ Valenciennes, 10 avril........................ 1000 »

15. ——— du 11 idem. ———

N. Durand et Cie, à Paris, ayant besoin de 1000 fr. sur Valenciennes, je leur remets,

N° 102, s/ Valenciennes, 10 avril................. 1000 »

Et ils me donnent en échange,

N° 104, b^{et} Servan, à Poitiers, 15 février................. 1000 »

16. ——— du 12 idem. ———

Ayant autorisé Triot, banquier, à Poitiers, à faire traite sur moi jusqu'à concurrence de 5000 fr., dont il me remplira en valeur sur Paris,

J'accepte,

N° 1, s/ traite à son ord/, 15 février...................... 1500 »

17. ——— du 13 janvier 1844. ———			
Triot, banquier, à Poitiers, me remet :			
N° 105, b^{et} Trotard, à Paris, 10 février..........	552 75		
» 106, b^{et} Huguet, id. 15 id...........	740 »	1292	75
18. ——— du 13 idem. ———			
Je paie en espèces à Javel, menuisier, à Paris, son mémoire réglé le 2 courant, ci.........................		164	»
19. ——— du 15 idem. ———			
J'envoie à Ménard, à Dôle (Jura), sur sa demande,			
20 douz. fichus semés de bouquets, à fr. 60.......	1200 »		
Et je me rembourse en tirant sur lui le mandat ci-dessous, que je mets en portefeuille,			
N° 107, m/ mand/ à mon ordre, 15 avril.....................		1200	»
20. ——— du 16 idem. ———			
Je remets à Barbier, à Paris, m/ banquier,			
N° 107, sur Dôle, 15 avril.....................	1200 »		
» 103, » Valenciennes, 15 avril................	424 80	1624	80
21. ——— du 17 idem. ———			
J'adresse à Dentut, à Dôle, qui m'autorise à me rembourser en m/ traite, à 90 jours, sur Jamin, banquier, à Dôle :			
N° 4, 1 b/ soie, trame de pays, net k. 35 85, à fr. 68 50................................	2455 70		
Bonification 1/2 p. % pour bon poids............	12 25		
Reste......	2443 45		
Escompte 13 p. %................................	317 65		
Net................		2125	80
22. ——— du 19 idem. ———			
Suivant l'autorisation de Dentut, à Dôle, je tire la traite ci-dessous :			
N° 108, o/ Barbier, sur Jamin, à Dôle, 20 avril....	2125 80		
Et je remets cette traite à Barbier, à Paris, m/ banquier, ci...		2125	80
23. ——— du 20 idem. ———			
Je paie à l'emballeur une note de..................		16	»

5.

24. —————— du 22 janvier 1844. ——————

J'entre en relations d'affaires avec Cabot, à Marseille; nous sommes convenus que je me chargerai de la vente de ses soies à la commission, et que nous aurons un compte courant produisant des intérêts réciproques à 5 p. °/₀ l'an.

Je reçois en conséquence, pour être vendues pour son compte au cours, savoir :

N° 5, 1 b/ mi-perlée, Brousse, net k. 128.
» 6, 1 b/ cordonnet et floche, Perse, net k. 133.

Ne connaissant pas le prix auquel ces soies seront vendues, il est clair que je dois attendre que la vente en soit effectuée pour en créditer Cabot.

Mais, pour satisfaire à la loi, j'inscris cet article au Journal sous la forme de note,

Et je fais écritures, à un compte intitulé Soies de Cabot, des frais de transport que j'ai payés en espèces, ci............ 6 | 90

25. —————— du 23 idem. ——————

Cabot, à Marseille, m'ayant chargé de payer 2000 fr. pour son compte à Robert, à Paris, je donne à ce dernier

Un bon sur la caisse de Barbier, m/ banquier........ 2000 | »

26. —————— du 23 idem. ——————

J'envoie à Julien, à Beauvais, une balle de soie de Cabot, savoir :

N° 6, 1 b/ cordonnet et floche, Perse, k. 133, à fr. 39. 5187 »

Et je tire sur Julien les traites ci-dessous, qu'il accepte et que je mets en portefeuille :

N° 109, m/ traite à m/ ordre,	25 avril	....	1000	»
» 110, id.	25 id.	....	1000	»
» 111, id.	30 id.	....	2000	»
» 112, id.	30 id.	....	1187	»

5187 | »

27. —————— du 25 idem. ——————

Ménard, à Dôle, étant mort, je reçois en retour

20 douzaines fichus, à fr. 60 la douzaine.......... 1200 »

Et Barbier, m/ banquier, me rend, sur m/ demande, m/ mandat sur Ménard, à Dôle, 15 avril.................... 1200 | »

Nota. Je ne fais qu'une seule écriture du retour des marchandises et de la rentrée du mandat.

6.

28. —— du 25 janvier 1844. ——

Je paie en espèces le port du retour d'autre part..... 4 | 50

29. —— du 29 idem. ——

Je vends à Barbey, à Paris, en règlement à 120 jours, une balle de soie de Cabot, savoir :

N° 5, 1 b/ mi-perlée, Brousse, k. 128, à fr. 46 »........... 5888 | »

30. —— du 30 idem. ——

Je prélève comme suit m/ commission sur 11075 fr., produit de la vente des soies de Cabot, à Marseille, et j'en porte le montant à un compte intitulé COMMISSIONS :

Commission 2 p. °/₀ sur 11075 fr.................	221 50		
Ducroire 1 p. °/₀................................	110 75	332	25

31. —— du 30 idem. ——

J'envoie à Cabot, à Marseille, m/ compte de vente ainsi établi :

1 b/ cordonnet et floche, Perse, k. 133, à fr. 39...		5187 »
1 b/ mi-perlée, Brousse, k. 128, à fr. 46..........		5888 »
Total.......		11075 »
Port..............................	6 90	339 15
Commission et ducroire 3 p. °/₀.........	332 25	
Net........		10735 85

A l'avoir de Cabot, valeur 15 mai, ci.................. 10735 | 85

32. —— du 30 idem. ——

Ayant acheté de Paul Bérard et Cie, à Paris, 20 pièces de peluche de soie pour chapeaux pour compte de John Wood, à Londres, j'ai reçu en espèces des premiers

Une somme de 88 fr. pour m/ common à 1 p. °/₀, ci......... 88 | »

33. —— du 31 idem. ——

Je porte en dépense les frais du mois, savoir :

Appointements de m/ commis.................	150 »		
Ports de lettres................................	8 40		
Menus frais.....................................	2 80	161	20

34. ——— du 1er février 1844. ———		
Acheté ce qui suit payable comptant, c'est-à-dire à présentation de la facture :		
De Garnot, à Paris,		
5 douz. voiles 7/8 blancs brochés, feuilles de vigne, à fr. 39 la douzaine .... 195 »		
4 douz. voiles 7/8 blancs brochés, bordures diverses, à fr. 33 la douzaine .... 142 »	337 »	
De Naulay, à Paris,		
6 douz. pièces de rubans couleur sur couleur, à fr. 36.	216 »	553 »
35. ——— du 1er idem. ———		
Je reçois d'envoi de Denis, à Louviers,		
5 p. drap bleu de roi de 40 m., à fr. 22	4400 »	
Je lui adresse à valoir :		
N° 112, sur Beauvais, 30 avril	1187 »	
3 douz. pièces de rubans couleur sur couleur, à fr. 44.	132 »	
Et je l'autorise à tirer sur moi à 90 jours pour le restant, ci, pour balance	3081 »	4400 »
36. ——— du 2 idem. ———		
Je reçois de Muteau, à Louviers,		
4 p. de drap vert foncé de 40 m., à fr. 18	2880 »	
Prévoyant que je pourrai faire des affaires en draps de Louviers, et voulant me rendre un compte exact de mes opérations sur cette sorte de marchandise, j'ouvre un compte spécial intitulé DRAPS DE LOUVIERS, auquel je porte :		
1° Les 4 p. que je reçois de Muteau	2880 »	
2° Les 5 p. que j'ai reçues hier de Denis et que j'ai passées au compte de March^{es} G^{les}, ci	4400 »	
Ensemble, à porter au compte de Draps de Louviers..		7280 »
37. ——— du 3 idem. ———		
J'adresse à Nicolin, à Amiens, savoir :		
5 douz. voiles 7/8 blancs brochés, feuilles de vigne, à fr. 48 la douzaine .... 240 »		
4 douz. voiles 7/8 blancs brochés, bordures diverses, à fr. 41 .... 164 »	1604 »	
20 douz. fichus semés de bouquets, à fr. 60. 1200 »		
A reporter	1604 »	

Report...... 1604 »				
2 p. drap de Louviers vert foncé de 40 m., à fr. 22 le mètre........................ 1760 »				
2 p. drap de Louviers bleu de roi de 40 m., à fr. 27............................. 2160 »	3920 »		5524	»
38. — du 3 février 1844. —				
Je paie en espèces :				
A Garnot, à Paris, S/ facture du 1er courant........................	337 »			
A Naulay, à Paris, S/ facture du même jour........................	216 »			
A Dufor, à Paris, S/ facture du 4 janvier........................	100 »		653	»
39. — du 4 idem. —				
Je remets à Barbier, à Paris,				
N° 104, sur Poitiers, 15 février................	1000 »			
» 110, » Beauvais, 25 avril..................	1000 »			
» 111, » id. 30 id.	2000 »			
Ensemble.....	4000 »			
Et je reçois à la caisse dudit Barbier une somme de...			4000	»
40. — du 4 idem. —				
Je reçois d'envoi de Cabot, à Marseille, pour être vendues pour son compte, 2 balles de soie, savoir :				
N° 7, 1 b/ grége blanche, 1er blanc, net k. 64.				
» 8, 1 b/ déchet, net k. 105 500 gr.				
Je paie en espèces pour le port..................			5	20
41. — du 5 idem. —				
Cabot, à Marseille, m'ayant demandé 2000 fr. sur Marseille, je prends chez Barbier, à Paris, m/ banquier, et j'adresse audit Cabot :				
N° 113, traite de Barbier sur Firmin, à Marseille, à m/ ordre, 29 février..................................	2000 »			
De plus, j'accepte :				
N° 2, traite de Cabot sur moi, 16 mars... 3000 »				
» 3, idem 31 id. ... 3000 »	6000 »			
Ensemble, que j'adresse audit Cabot..................			8000	»

9.

42. du 6 février 1844.

Je prends contre espèces chez Opportune, banquier, à Paris,

N° 114, s/ mandat à m/ ord/ sur Brenot et Cie, à Louviers, 5 mai........ 2880 »

Opportune me fait une bonification de 1/2 p. °/₀, ci. 14 40
Et je lui compte en espèces........ 2865 60

Somme égale....... 2880 »

Et j'adresse le mandat à Muteau, à Louviers, ci........ 2880 »

43. du 8 idem.

J'achette de Nivetan et Cie, à Paris,

N° 9, 1 b/ grége d'Espagne, k. 56 500, à fr. 35 50. 2005 75

Je le paie comme suit :

1 p. drap de Louviers bleu de roi de 40 m., à 27 fr.. 1080 »
Espèces........ 898 »
Bonification 3 p. °/₀ sur fr. 925 75 payés comptant. 27 75 — 2005 75

44. du 10 idem.

Je vends au comptant à Fournier, à Paris, savoir :

Pour m/ compte,

N° 1, 1 b/ grége, Brousse, k. 94 90, à fr. 37 75 c.. 3582 45
Escompte 13 p. °/₀........ 465 65

Reste........ 3116 80

Bonification pour bon poids........ 20 80

Net........ 3096 »

Pour compte de Cabot, à Marseille,

N° 8, 1 b/ déchet, k. 105 500, à fr. 3 40 c........ 358 70

Ensemble que je reçois en espèces........ 3454 70

45. du 10 idem.

Je prélève en espèces pour les besoins de mon ménage........ 300 »

Je paie 2/12 de ma patente, ci........ 50 » — 350 »

46. ——————— du 11 février 1844. ———————

Ayant autorisé Nicolin, à Amiens, à vendre pour m/ compte les 20 douz. fichus compris dans m/ facture du 3 courant, et à me renvoyer 2 pièces de drap qui ne lui conviennent pas,

Je reçois en retour,

2 p. drap de Louviers vert foncé de 40 m., à fr. 27..	2160 »		
Je paie en espèces			
Le port....................................	3 75	2163	75

47. ——————— du 12 idem. ———————

Sur la demande de Denis, à Louviers, je le règle au 15 mars au lieu du 1er mai.

En conséquence, je lui retiens

2 p. % sur 3081 fr., solde de son compte, ci......	61 60		
Et je lui adresse,			
N° 4, m/ billet à son ordre, 15 mars............	3019 40	3081	»

48. ——————— du 13 idem. ———————

L'effet N° 105, sur Paris, 10 courant, que j'avais reçu de Triot, à Poitiers, n'ayant pas été payé, je l'ai fait protester, et je le renvoie à Triot, en établissant mon compte comme suit :

N° 105, retour sur Paris, échu	552 75		
Protêt et enregistrement payés en espèces.........	7 45		
M/ ports de lettres............................	» 80		
Total..................		561	»

49. ——————— du 14 idem. ———————

Nicolin, à Amiens, me donne avis qu'il a vendu pour m/ compte les fichus qui font partie de ma facture du 3 courant.

Ces fichus, qui figuraient dans m/ facture pour	1200 »		
Ont été cédés par Nicolin, comme suit :			
20 douz. à fr. 45...............	900 »		
Différence dont je dois compte à Nicolin...........		300	»

50. ——————— du 15 idem. ———————

J'encaisse,

N° 106, sur Paris, échu ce jour.......................		740	»

11.

51. ——— du 15 février 1844. ———

Je paie,

N° 1, traite de Triot, échue ce jour.......................... 1500 »

52. ——— du 16 idem. ———

Je reçois franco de Gerbis neveu, à Montauban, pour être vendues pour son compte en commission :

N° 10, 1 b/ grége de pays, poids net, k. 90.
» 11, 1 b/ id. id. 94.

53. ——— du 16 idem. ———

Je vends à Martin, à Paris,

2 p. drap de Louviers vert foncé de 40 m., à fr. 25.. 2000 »

Martin me paie comme suit :

N° 115, s/ b^et à m/ ordre, 10 juin .... 1000 »
En espèces.. 980 »
Bonification 2 p. °/o sur 1000 fr. en espèces........ 20 » 2000 »

54. ——— du 17 idem. ———

J'achette de Forest, à Paris, payables fin février,

30 sacs de farine de Beauce, à fr. 50 le sac......... 1500 »

Et je laisse ces 30 sacs de farine chez Ozou frères, à Paris, chargés de les vendre pour mon compte en commission, ci. 1500 »

55. ——— du 19 idem. ———

Savaret, à Paris, me demande 1200 fr., à vue, sur Marseille.

Je lui remets,

N° 116, m/ mandat à son ordre sur Cabot, à Marseille, à vue.. 1200 »

Il me paie en espèces :

1° Le montant du mandat........................ 1200 »
2° M/ commission 1 p. °/o........................ 12 » 1212 »

56. ——— du 20 idem. ———

J'escompte à Roquet, à Paris :

N° 117, s/ traite s/ Hope, à Montauban, 20 mars... 500 »
» 118, b^et Laysin, à Louviers, 31 id. ... 450 »
» 119, b^et Ronsin, à Amiens, 15 avril.... 600 »

Ensemble......... 1550 »

Je paie Roquet de la manière suivante :

Espèces 1525 40

Intérêts à 5 p. °/₀ l'an 9 10
Commission 1/2 p. °/₀ .... 7 75 } 24 60
Change de place 1/2 p. °/₀ .... 7 75 — 1550 »

57. — du 20 février 1844. —

Je vends à Protet, à Paris, par courtier :

N° 10, 1 b/ grége de pays, de Gerbis neveu, à Montauban,
Poids net, k. 90, à fr. 35 .... 3150 »
Bonification pour bon poids 1 p. °/₀ 31 50
Net, que je reçois en espèces 3118 50
Je paie au courtier 1 p. °/₀, ci 31 50
Reste net .... 3087 »

58. — du 21 idem. —

Je prends à Barrière, à Paris, au pair,
N° 120, b^et Pardon, à Montauban, 31 mars .... 1400 »

Je lui remets :

N° 115, sur Paris, 15 juin .... 1000 »
En espèces pour appoint .... 400 » 1400 »

59. — du 21 idem. —

J'adresse à Gerbis neveu, à Montauban, sur sa demande :

N° 117, sur Montauban, 20 mars .... 500 »
» 120, idem 31 id. .... 1400 » } 1900 »
En un group .... 1100 » 3000 »

60. — du 22 idem. —

Je négocie à Napoléon Baby, à Paris,
N° 109, s/ Beauvais, 25 avril .... 1000 »

Il me paie

En espèces .... 987 »

Il me retient :

Les intérêts à 6 p. °/₀ l'an 10 50
Le change de place à 1/4 p. °/₀ .... 2 50 } 13 » 1000 »

. 3.

61. —————— du 22 février 1844. ——————

Barbier, à Paris, me rend protestée la remise, N° 104, sur Poitiers, que j'avais reçue de N. Durand et Cie., à Paris, de 1000 fr., s'élevant avec frais et compte de retour, à... 1022 70

J'y ajoute mes ports de lettres, ci.......... 1 30 | 1024 »

62. —————— du 23 idem. ——————

N. Durand et Cie, à Paris, me remboursent comme suit :

Ils me remettent,

N° 121, leur mand/ sur Servan, à Poitiers, à vue... 1026 »

Et ils me paient en espèces pour solde, y compris le retard et la commission .... 8 »

Ensemble, à leur avoir............. | 1034 »

63. —————— du 23 idem. ——————

Je solde le compte de N. Durand et Cie, à Paris.

Ce compte présente à l'avoir un excédant de 10 fr., ci....... | 10 »

64. —————— du 24 idem. ——————

Je remets à Barbier, à Paris,

N° 121, sur Poitiers, à vue.......................... 1026 »

En espèces.................................. 1000 » | 2026 »

65. —————— du 26 idem. ——————

Je donne en espèces à m/ neveu Jules Leroy, à l'occasion de son mariage.. | 500 »

66. —————— du 27 idem. ——————

Ayant autorisé Lombard, à Lyon, à tirer sur moi, à condition qu'il m'enverrait des fonds pour acquitter ses traites et qu'il me serait alloué une commission de 1/2 p. %,

J'accepte,

N° 5, s/ traite ord/ Thiviers, 15 mars.................... | 1500 »

67. —————— du 28 idem. ——————

Payé une facture de toile pour le ménage.......... 120 »

Donné à un malheureux........................ 10 » | 130 »

68. —— du 29 février 1844. ——

Je prends à la caisse pour payer ce qui suit :

A Forest, à Paris		1500 »		
2 mois à ma domestique		41 65		
Les appointements de m/ commis	150 »			
Les ports des lettres du mois	12 50	166 80		
Divers menus frais	4 30		1708	45

69. —— du 1er mars 1844. ——

Je vends ce qui suit à Boutard, à Paris :

Pour mon compte,

N° 9, 1 b/ grége d'Espagne du poids de

k. 56 500, dont il faut déduire

» 375 pour bon poids.

k. 56 125, poids net, à fr. 52	2918 50			
Escompte 10 p. %	291 85			
Net		2626 65		
Pour compte de Gerbis neveu :				
N° 11, 1 b/ grége de pays, poids net, k. 94, à fr. 36.		3384 »		
Ensemble		6010 65		
Boutard me paie comme suit :				
N° 122, bet Leblanc, à Lyon, 20 mars.	1000 »	3500 »		
» 123, s/ tte s/ Gaillard, à Lyon, 25 mai.	2500 »			
En espèces		2510 65	6010	65

70. —— du 1er idem. ——

Ruette, à Paris, partant pour Lyon, me prie de lui ouvrir un crédit de 10000 fr. chez un banquier de cette ville. En conséquence j'écris la lettre ci-dessous que je remets à Ruette :

« Monsieur Ponat, à Lyon,

» Je vous prie de payer pour m/ compte à M. Ruette de Paris, sur ses reçus, jusqu'à concurrence d'une somme de 10000 fr. »

Je donne avis à Ponat du crédit que j'ai ouvert chez lui à Ruette ; je lui envoie la signature de ce dernier, et je l'autorise à se rembourser en tirant sur moi à 8 jours de vue.

15.

Profitant de cette occasion, j'envoie audit Ponat fr. 2500 », N° 123, t^te de Boutard sur Gaillard, à Lyon, 25 mai, avec prière de présenter cette traite à l'acceptation, et de me la renvoyer ensuite acceptée, ou protestée faute d'acceptation.

Enfin je lui adresse pour qu'il l'encaisse à m/ crédit, N° 122, b^et Blanc à Lyon, 20 mars........ | 1000 | »

71. —— du 2 mars 1844. ——

Je prélève m/ commission à 3 p. °/o sur 6471 fr., produit net des 2 balles de soie que j'ai vendues pour compte de Gerbis neveu, à Montauban........ | 194 | 15

72. —— du 2 idem. ——

Je solde le compte de Soies de Gerbis neveu :

L'avoir est de........ 6471 »

Le doit de........ 194 15

Différence........ | 6276 | 85

73. —— du 2 idem. ——

Suivant le désir de Gerbis neveu, à Montauban, je prends pour lui chez Barbier, m/ banquier, un mandat, N° 124, sur Fernand, à Albi, à vue, de........ 3276 85

Et je le lui adresse pour solde de compte........ | 3276 | 85

74. —— du 2 idem. ——

J'achette de Thomas Seguin, à Paris, savoir :

N° 12, 1 b/ soie rondelette, k. 78, à fr. 25 50 1989 »
10 p. calicot, ens. 378 m. 50 c., à fr. » 60 227 10 } 2216 10

Je le paie comme suit :

N° 119, sur Amiens, 15 avril........ 600 »

Espèces........ 1591 85

Bonification 1 1/2 p. °/o sur 1616 fr. 10 c. en espèces. 24 25 | 2216 | 10

75. —— du 4 idem. ——

Je vends à Sordat, à Paris :

3 douz. p. de rubans coul. sur coul., à fr. 42 » 126 »
1 p. dr. de Louviers bl. de roi de 40 m., à 28 fr. 1120 » } 1246 »

Il me paie comme suit :

N° 125, b^et Rapin, à Paris, 15 mars........ 500 »

En espèces........ 696 15

Escompte 4 p. °/o sur fr. 1246 » payés comptant... 49 85 | 1246 | »

10.

76. —— du 5 mars 1844. ——

J'adresse à Dupré, à Melun :

1 p. dr. de Louviers bl. de roi de 40 m., à 28 fr. 1120 » }
1 idem vert foncé de 40 m., à 20 fr. 800 » } 1920 »
5 p. calicot, 192 m. 50 c. pour 192 m., à 75 c....... 144 » | 2064 »

77. —— du 5 idem. ——

Sordat, à Paris, me rend 6 pièces de ruban qui avaient été tachées dans mon magasin avant la livraison;

Et je lui en rembourse le prix en espèces............ 21 »

78. —— de 6 idem. ——

Je reçois en espèces pour ma part dans la succession de m/ oncle Bernard 8400 fr., que je verse immédiatement à la caisse de Barbier, à Paris, mon banquier, ci.................. 8400 »

79. —— du 7 idem. ——

J'expédie à Janet frères et Cie, à Amiens,

N° 3, 1 b/ grége, Perse, fine, k. 90, à fr. 32....... 2880 »
Escompte 3 p. %.................................. 86 40
Net...... 2793 60

Je me rembourse en tirant sur eux,

Fr. 2793 60, N° 126, m/ mand/ à m/ ord/, à 2 jours de vue,

Que je remets tout de suite à Barbier, à Paris........ 2793 60

80. —— du 8 idem. ——

Ponat, à Lyon, me renvoie la traite, N° 123, de Boutard, à Paris, accompagnée d'un protêt faute d'acceptation, et d'un compte de retour ainsi établi :

Principal.. 2500 »
Frais judiciaires.............................. 17 » }
Timbre du compte de retour et de la retraite. » 85 }
Commission 1/2 p. %........................ 12 50 } 40 »
Courtage et certificat........................ 6 25 }
Ports de lettres et retard.................. 3 40 }
Total..... 2540 »
(1) Perte à la négociation de la retraite, 1 p. % ... 25 65
Ensemble.. 2565 65

(1) Pour le calcul de la Perte à la Négociation de la Retraite voyez nos Notions d'Arithmétique commerciale, 9e Leçon, dernier chapitre, intitulé : *Moyen de trouver le Prix de Vente, en calculant le bénéfice sur le chiffre de la Vente.*

17.

Les 2500 fr. ne figurant pas au débit de Ponat, je ne lui dois compte que de fr. 65 65.		
Sur cette dernière somme il laisse à m/ profit la moitié de la perte à la négociation de la retraite............ 12 80		
Reste à son avoir.............................. 52 85		
Ensemble, dont il faut faire écritures.......	65	65
81. —— du 9 mars 1844. ——		
J'envoie au remboursement chez Boutard, à Paris, qui paie en espèces,		
N° 123, s/ traite sur Lyon, protestée.............. 2500 »		
Les frais de protêt et le compte de retour..... .... 65 65	2565	65
82. —— du 9 idem. ——		
Dupré, à Melun, ayant refusé de prendre livraison de m/ envoi du 5 courant, Vilcoq, de la même ville, m'écrit qu'il s'en chargera, à condition que je lui ferai un rabais de 2 fr. par mètre de drap, ce à quoi je consens.		
Je déduis donc		
2 fr. par mètre sur 80 m. de drap, ci.............. 160 »		
Reste pour l'importance de la nouvelle facture...... 1904 »		
Somme égale au montant de l'ancienne facture........	2064	»
83. —— du 10 idem. ——		
Ponat, à Lyon, me donne avis qu'il a compté à Ruette, de Paris, porteur de m/ lettre de crédit, une somme de........	3000	»
84. —— du 11 idem. ——		
Barbier, à Paris, me rend m/ mandat non payé de Fr. 2793 60 sur Janet frères et Cie, à Amiens, à 2 jours de vue, s'élevant, avec une addition de 80 c. pour ses ports de lettres, à..	2794	40
85. —— du 12 idem. ——		
Janet frère et Cie, à Amiens, m'écrivent qu'ils ont entendu acheter à 3 mois la balle de soie que je leur ai expédiée le 7 courant.		
En conséquence ils renoncent à l'escompte de 3 p. % et me remettent, au lieu de fr. 2793 60,		
N° 127, leur billet à m/ ordre, 5 juin, de................	2880	»

86. du 12 mars 1844.

Après avoir fait l'article d'autre part, je m'aperçois que le compte de Janet frères et Cie, à Amiens, ne solde pas, à cause des 80 c. de ports de lettres de Barbier, dont j'avais chargé leur débit, et que je dois faire disparaître de leur compte par suite de nos nouveaux arrangements, ci.......................... » | 80

87. du 13 idem.

Sordat, à Paris, me demande de lui échanger le billet de Rapin, au 15 courant, contre un autre du même souscripteur, à 1 mois plus tard, ce à quoi je consens.

En conséquence je lui rends,

N° 125, bet Rapin, à Paris, 15 mars............. 500 »

Et il me donne,

N° 128, bet Rapin, à Paris, 15 avril.............. 500 »

Il me paie en espèces

Pour retard et commission...................... 5 » | 505 | »

88. du 15 idem.

Lombard, à Lyon, ne m'ayant point envoyé de fonds,

Je paie de mes deniers,

N° 5, s/ traite o/ Thivier, échue ce jour.......... 1500 »

De plus, j'acquitte,

N° 4, m/ billet o/ Denis, échu ce jour............ 3019 40 | 4519 | 40

89. du 16 idem.

Je donne à Jeanson, à Paris,

N° 127, sur Amiens, 5 juin.............. 2880 »
En espèces.......................... 166 » } 3046 »

En paiement de,

N° 2, traite de Cabot, échue ce jour............ 3000 »

Intérêts de 81 jours et con sur 2880 fr., sur Amiens.. 46 » | 3046 | »

90. du 17 idem.

Ponat, à Lyon, me donne avis d'un nouveau paiement de 3000 fr. fait pour m/ compte à Ruette, de Paris.

Ruette ne devant plus faire usage de ma lettre de crédit, Ponat m'annonce qu'il a mis en circulation une traite sur moi o/ Baron et Cie, à 8 jours de vue, de........... 5112 85

Pour se remplir de ce qui suit d'autre part :

19

Fr. 6000 » payés à Ruette.

60 » { 30 » 1/2 °/₀ de commission.
30 » id. pour avance de fonds.

52 85 frais à 2500 fr. sur Lyon.

6112 85 ensemble.

Dont il faut déduire :

1000 » sur Lyon, encaissés.

5112 85 somme égale au montant de la traite.

Quant à moi, je ne le crédite que de 3060 fr., le reste figurant déjà à son avoir, ci. .... 3060 »

J'ajoute à cette somme, au débit de Ruette,

M/ commission à 1/2 p. °/₀ sur 6000 fr............ 30 »

Ensemble............... 3090 »

91. — du 18 mars 1844. —

Je reçois à la caisse de Ruette, à Paris .... 6090 »

92. — du 19 idem. —

Ozou frères, à Paris, me donnent leur compte de vente ainsi établi :

30 sacs de farine de Beauce à 48 fr............... 1440 »

Magasinage à 0,25 c. par sac.............. 7 50 }
Commission 2 p. °/₀ sur 1440 fr........... 28 80 } 36 30

Net que je pourrai faire recevoir le 23 courant....... 1403 70

93. — du 19 idem. —

Je solde le compte de Farine chez Ozou frères.

Ce compte présente un excédant au doit de............... 96 30

94. — du 20 idem. —

Je vends au comptant à Barbey, à Paris, pour compte de Cabot, à Marseille :

N° 7, 1 b/ grége blanche, 1er blanc, k. 64, à fr. 99. 6336 »

Escompte 13 p. °/₀.................. 823 70 }
Centimes retenus..................... » 30 } 824 »

Net, que je reçois en espèces...................... 5512 »

95. — du 20 mars 1844. —

Je prélève sur fr. 5870 70, prix de vente de 2 balles de oie vendues pour compte de Cabot, à Marseille :

1° Ma commission à 2 p. °/₀..................... 117 40

2° Ducroire à 1 p. °/₀..................... 58 70 176 10

96. ——— du 20 mars 1844. ———

J'établis m/ compte de vente des soies de Cabot, à Marseille, comme suit :

1 b/ déchet de k. 105 500, à fr. 3 40		358 70		
1 b/ grége blanche, 1er blanc, k. 64, à fr. 99.	6336 »	5512 »		
Escompte 13 p. %	824 »			
Ensemble		5870 70		
Port	5 20	181 30		
Commission et ducroire 3 p. %	176 10			
Net, à l'avoir de Cabot, valeur de ce jour			5689	40

97. ——— du 21 idem. ———

Robert, à Marseille, à qui j'avais écrit que je pourrais lui placer de l'huile de colza à fr. 117, me fait parvenir aujourd'hui, pour être vendues pour son compte, moyennant une commission de 4 p. %,

120 tonnes huile de colza, *prix fixe*, fr. 117	14040 »		
Port que je paie en espèces	54 »	14094	»

98. ——— du 21 idem. ———

Je reçois de Denis, à Louviers :

6 douz. caleçons de coton, à fr. 42	252 »	360 »		
12 id. bonnets de coton, à fr. 9	108 »			
5 p. drap bleu de roi, 194 m., à fr. 20		3880 »		
Ensemble		4240 »		
J'adresse à Denis, à valoir,				
N° 118, sur Louviers, 31 mars		450 »		
Et je lui redois		3790 »	4240	»

Nota. User de la ressource des articles de Divers à Divers pour ne faire qu'un article de cette opération, de manière toutefois que le montant de la facture figure à l'avoir de Denis, et l'à-compte à son doit.

99. ——— du 22 idem. ———

Cornier, à Dijon, me livre :

100 btlles vin de Bordeaux pour m/ usage, à fr. 1 50	150 »		
Et il me remet,			
N° 129, bet Riquoy, à Paris, 25 mars	500 »		
Ensemble	650 »		

21.

De mon coté, je lui vends :

1 p. drap de Louviers vert foncé de 40 m., à fr. 22... 880 »

5 p. calicot, ensemble 186 m., à fr. 0,95 c........ 176 70

Ensemble................ 1056 70

NOTA. Ne faire qu'un article comme dans le cas précédent.

100. —— du 23 mars 1844. ——

Je reçois en espèces d'Ozou frères, à Paris........... 1403 70

101. —— du 25 idem. ——

J'achette de Féroux, à Paris,

82 pièces toile de Hollande, 3200 m., à fr. 6 25. . 20000 »

Je le paie de la manière qui suit :

120 ton. huile de colza de Robert, à fr. 117...... 14040 »

En espèces............ .... 5781 20

3 p. % sur fr. 5960, solde en espèces............ 178 80 20000 »

102. —— du 25 idem. ——

Je paie en espèces

Le magasinage des 120 ton. d'huile de Robert...... 24 »

Je prélève m/ commission à 4 p. % sur fr. 14040, produit de la vente desd. huiles.......... 561 60 585 60

103. —— du 25 idem. ——

J'additionne le doit et l'avoir du compte d'Huile de Robert, et je trouve une différence de fr. 639 60, dont je fais un article pour solde dudit compte......................... 639 60

104. —— du 26 idem. ——

Je vends à Huard, à Paris,

5 p. drap de Louviers bleu de roi, 194 m., à fr. 24 50. 4753 »

Huard me donne en paiement :

Une traite sur moi, non acceptée, à s/ ord/ de Cabot, à Marseille, 31 mars, de........................ 4000 »

En espèces............................... 753 » 4753 »

105. —— du 27 idem. ——

Je paie la traite de Ponat, à Lyon, à 8 jours de vue, de....... .... 5112 85

			fr.	c.
106. ——— du 28 mars 1844. ———				
Je renvoie à Cornier, à Dijon, après protêt faute de paiement, sa remise,				
N° 129, sur Paris, 25 mars, s'élevant avec frais de protêt et compte de retour, à fr. 525 75, savoir :				
Capital		500 »		
Frais judiciaires	13 50			
Timbre du compte de retour	» 35	14 35		
id. de la retraite	» 50			
Commission 1/2 p. %	2 50			
Courtage et certificat	1 25	6 15		
Ports de lettres et retard	2 40			
Total		520 50		
Perte à la négociation de la retraite		5 25		
Ensemble			525	75
107. ——— du 29 idem. ———				
Triot, à Poitiers, ayant déposé son bilan, ses créanciers réunis sont tombés d'accord de lui abandonner 50 p. %, et de recevoir dans 6 mois les 50 p. % restants que sa femme a garantis en hypothéquant une de ses propriétés.				
Je règle son compte conformément à cet arrangement.				
La moitié de sa dette est de			384	15
108. ——— du 30 idem. ———				
Je paie ce qui suit :				
N° 3, traite de Cabot, 31 mars		3000 »		
A l'emballeur sa note de		36 80		
Un douzième échu de la patente	25 »			
Les appointements de m/ commis	150 »	198 20		
Les ports de lettres du mois	16 80			
Divers menus frais	6 40			
Je prélève pour les besoins de mon ménage		400 »	3635	»
109. ——— du 30 idem. ———				
En faisant ma caisse, j'y trouve un déficit de 75 fr. dont je passe écritures, ci			75	»

Nota. A cette époque je suppose qu'il y a un an que je fais le commerce, et que je veux faire mon inventaire pour me conformer à la loi, et pour savoir si mon capital a augmenté ou diminué. C'est pourquoi, avant de faire la balance du mois, je passe les articles qui suivent d'autre part.

23.

110 —— du 31 mars 1844. ——		
Lombard, à Lyon, se trouvant dans une position qui me laisse peu d'espérance de recouvrer ma créance, je ne veux pas qu'à l'époque de mon inventaire son compte figure d'une manière positive à mon actif.		
C'est pourquoi je le balance, et j'en porte le solde à un compte que j'intitule CRÉANCES DOUTEUSES, ci........................	1500	»
111. —— du 31 idem. ——		
Comme je ne paierai que le 15 du mois prochain mon terme de loyer qui échoit ce jour, je porte en dépense :		
1° 3 mois de loyer de m/ magasin .... 450 »		
2° 3 mois de loyer de mes appartements............ 150 »	600	»
112. —— du 31 idem. ——		
Je porte à l'avoir de Gabarrot, à Paris, 3 mois d'intérêts à 5 p. °/₀ l'an sur son prêt de 1200 fr., ci................	150	»
113. —— du 31 idem. ——		
Je porte au doit de Barbier, à Paris, pour intérêts en ma faveur sur son compte courant réglé valeur de ce jour......	59	05
114. —— du 31 idem. ——		
Je porte à l'avoir de Barbier, à Paris, savoir :		
Change de place 3/8 p. °/₀ sur fr. 6576 60.......... 24 65		
Commission 1/8 p. °/₀ sur 2000 fr. payés à Cabot..... 2 50		
Commission 1/2 p. °/₀ sur fr. 5276 85, m/ traites.... 26 40	53	55
115. —— du 31 idem. ——		
Ayant calculé le compte courant de Cabot, à Marseille, valeur de ce jour,		
Je porte à son doit, savoir :		
Intérêts en m/ faveur............................ 86 30		
Commission 1/2 p. °/₀ s/ 2000 fr., traite sur Marseille. 10 »	96	30
116. —— du 31 idem. ——		
Comme on a l'habitude de diminuer de 10 p. °/₀, tous les ans, la valeur du mobilier, je déduis pour le trimestre :		
2 1/2 p. °/₀ sur 384 fr., pour dépréciation du mobilier.......	9	60

PARTIE DU MAITRE.

LIVRES AUXILIAIRES.

Nous présenterons ces livres dans l'ordre où ils se trouvent dans le premier volume, et, comme il n'y a aucune difficulté à les établir, nous nous bornerons aux observations qui suivent.

Le Livre d'Achats et le Livre de Ventes doivent être tenus de manière que l'addition générale du premier corresponde à l'addition générale des Doits des divers comptes de marchandises, et que l'addition générale du second corresponde à l'addition générale des Avoirs des mêmes comptes.

Lorsque rien ne s'y oppose, on ajoute aux Livres d'Entrée et de Sortie des marchandises deux colonnes, l'une pour les numéros et l'autre pour l'escompte, ainsi que nous l'avons fait pour le Livre d'Entrée et de Sortie des Soies.

Les Livres d'Enregistrement et les Carnets d'Échéances des Effets à Recevoir et des Effets à Payer ne donnent lieu à aucune nouvelle observation.

Il en est de même du Livre de Caisse que nous avons arrêté toutes les semaines, et à la fin de chaque mois.

Quant au Livre des Comptes Courants portant intérêts, nous avons publié, avant de composer ce second volume de Tenue des Livres, un *Traité pratique des Comptes Courants portant intérêts, renfermant quarante et un exercices établis d'après toutes les méthodes connues, et accompagnés de raisonnements à la portée de tout le monde*, et nous nous trouvons par cela même dispensé d'entrer dans aucun détail qui y ait rapport. Nous nous contenterons donc de donner les deux Comptes Courants portant intérêts qu'il faut établir dans la comptabilité qui nous occupe.

Nous ne présenterons point de Livre de Copie de Lettres dans ce volume : les exemples du premier volume suffisent pour faire comprendre ce livre et son usage. Quant au style et à la forme des lettres de commerce, dont nous avons dit quelque chose dans le premier volume, nous y reviendrons un jour, si le temps ne nous manque pas, et cela nous fournira la matière d'un ouvrage où nous traiterons de la correspondance de chaque commerce en particulier.

LIVRE D'ACHATS.

du 1er janvier 1844.		
AVOIR CAPITAL, présent de m/ père,		
N° 1, 1 b/ grége, Brousse... k. 94 90, à fr. 25 20. 2391 50		
N° 2, 1 b/ organsin........ 45 69, » 41 ». 1873 30		
N° 3, 1 b/ grége, Perse, fine. 90 », » 24 50. 2205 »		
N° 4, 1 b/ trame de pays.... 35 85, » 45 70. 1638 35	8108	15
du 9 idem.		
AVOIR VARIN je, à Paris, sa facture de ce jour,		
Payable en m/ remise sur Valenciennes,		
20 douzaines fichus semés de bouquets, à fr. 50............	1000	»
du 22 idem.		
AVOIR CABOT, à Marseille,		
En commission,		
N° 5, 1 b/ mi-perlée, Brousse......... k. 128 »		
N° 6, 1 b/ cordonnet et floche, Perse... 133 »		
du 25 idem.		
AVOIR MÉNARD, à Dôle,		
Retour de m/ envoi du 15 courant,		
20 douzaines fichus semés de bouquets à fr. 60 ».. 1200 »		
CAISSE,		
Port du retour.............................. 4 50	1204	50
Total des Achats du mois de Janvier........	10312	65
du 1er février 1844.		
AVOIR GARNOT, à Paris, s/ facture de ce jour,		
Payable comptant,		
5 douz. voiles 7/8 blancs brochés, feuilles de vigne, à fr. 39 » la douzaine.......................... 195 »		
4 douz. voiles 7/8, bordures diverses, à fr. 33 » la de. 142 »	337	»
Reporté.....	337	»

2.

Report.....	337	»
du 1er février 1844.		
AVOIR NAULAY, à Paris, s/ facture de ce jour,		
Payable comptant,		
6 douz. pièces de ruban couleur sur couleur, à fr. 36 ».....	216	»
du 1er idem.		
AVOIR DENIS, à Louviers, s/ facture du 28 janvier,		
Payable à 90 jours,		
5 pièces drap bleu de roi de 40 mètres, à fr. 44 »..........	4400	»
du 2 idem.		
AVOIR MUTEAU, à Louviers, s/ facture du 25 janvier,		
Payable à 90 jours,		
4 pièces drap vert foncé de 40 mètres, à fr. 18..............	2880	»
du 4 idem.		
AVOIR CABOT, à Marseille,		
En commission,		
N° 7, 1 b/ grége blanche, 1er blanc, k. 64.		
N° 8, 1 b/ déchet................ 105 500 gr.		
du 8 idem.		
AVOIR NIVETAN et Cie, à Paris, leur facture de ce jour,		
Payable comptant,		
N° 9, 1 b/ grége d'Espagne, k. 56 500 gr., à fr. 35 50.....	2005	75
du 11 idem.		
AVOIR NICOLIN, à Amiens,		
Retour de mon envoi du 3 courant,		
2 pièces drap de Louviers vert foncé de 40 m., à fr. 27, 2160 »		
CAISSE,		
Port du retour.............................. 3 75	2163	75
du 14 idem.		
AVOIR NICOLIN, à Amiens,		
A déduire de m/ envoi du 3 courant sur :		
20 douz. fiches cotées à fr. 60.................. 1200 »		
Et vendues pour m/ compte à fr. 45................ 900 »		
Différence.......	300	»
Reporté....	12302	50

Report.....			12302	50
du 16 février 1844.				
AVOIR GERBIS neveu, à Montauban,				
En commission,				
N° 10, 1 b/ grége de pays, k. 90.				
N° 11, 1 b/ idem, k. 94.				
Total des Achats du mois de Février........			12302	50
du 2 mars 1844.				
AVOIR THOMAS SEGUIN, à Paris, s/ facture de ce jour,				
Payable comptant,				
N° 12, 1 b/soie rondelette, k. 78, à fr. 25 50....	1989	»		
10 p. calicot, ensemble 378 m. 50 c., à fr. » 60....	227	10	2216	10
du 5 idem.				
AVOIR SORDAT, à Paris,				
Remboursé pour cause de détérioration,				
6 pièces ruban couleur sur couleur........................			21	»
du 9 idem.				
AVOIR DUPRÉ, à Melun,				
Déduit sur m/ facture du 5 courant,				
2 fr. par mètre sur 80 mètres de drap, ci.................			160	»
du 21 idem.				
AVOIR ROBERT, à Marseille,				
En commission, *prix fixe*,				
120 tonnes huile de colza, à fr. 117.............	14040	»		
CAISSE,				
Port.....................................	54	»	14094	»
du 21 idem.				
AVOIR DENIS, à Louviers, sa facture du 16 courant,				
Payable à 90 jours,				
6 douz. caleçons de coton, à fr. 42.....	252	»		
12 id. bonnets de coton, à 9.....	108	»		
5 pièces drap bleu de roi, 194 mètres, à 20.....	3880	»	4240	»
du 25 idem.				
AVOIR FÉROUX, à Paris, s/ facture de ce jour,				
Payable comptant,				
82 pièces toile de Hollande, 3200 mètres, à fr. 6 25........			20000	»
Total des Achats du mois de Mars..........			40731	10

RÉCAPITULATION.		
Achats du mois de Janvier.	10312	65
Achats du mois de Février.	12302	50
Achats du mois de Mars.	40731	10
Total général des Achats, égal à l'addition générale des Doits des comptes de March^ses^ G^les^, de Soies, de Draps de Louviers et d'Huile de Robert, déduction faite de 4400 fr. qui ont été contrepassés au compte de March^ses^ G^les^ et portés au compte de Draps de Louviers.	63346	25

LIVRE DE VENTES.

du 5 janvier 1844.			
DOIT BERTET, à Valenciennes, m/ facture.			
Payable à 90 jours,			
N° 2, 1 b/ organsin, k. 45 69, à fr. 61, ...	2787 10		
Escompte 13 p. %.............................	362 30	2424	80
du 15 idem.			
DOIT MÉNARD, à Dôle, m/ facture,			
Payable en m/ mandat à 3 mois,			
20 douzaines fichus semés de bouquets, à fr. 60............		1200	»
du 17 idem.			
DOIT DENTUT, à Dôle, m/ facture,			
Payable en m/ traite à 90 jours sur Jamin,			
N° 4, 1 b/ soie, trame de pays, k. 35 85, à fr. 68 50...	2455 70		
Bonification 1/2 p. % pour bon poids.............	12 25		
Reste........	2443 45		
Escompte 13 p. %............................	317 65		
Net.................		2125	80
du 23 idem.			
DOIT JULIEN, à Beauvais, m/ facture pour compte de Cabot,			
Payable en m/ traites à 3 mois,			
N° 6, 1 b/ cordonnet et floche, Perse, k. 133, à fr. 39.......		5187	»
du 29 idem.			
DOIT BARBEY, à Paris, m/ facture pour compte de Cabot,			
Payable en règlement à 120 jours,			
N° 5, 1 b/ mi-perlée, Brousse, k. 128, à fr. 46.............		5888	»
Total des Ventes du mois de Janvier..........		16825	60
du 1er février 1844.			
DOIT DENIS, à Louviers, m/ facture,			
En échange,			
3 douz. pièces de ruban couleur sur couleur, à fr. 44.......		132	»
Reporté.....		132	»

3.

		Report.....		132	»
du 3 février 1844.					
DOIT NICOLIN, à Amiens, ma facture,					
Payable à 3 mois,					
5 douz. voiles 7/8 blancs broch.. f[les] de vigne,	à fr. 48	240	»		
4 douz. id., bordures diverses,	à 41	164	»		
20 douz. fichus semés de bouquets,	à 60	1200	»		
2 p. drap de Louviers vert foncé de 40 m.,	à 22	1760	»		
2 id. id. bleu de roi de 40 m.,	à 27	2160	»	5524	»
du 8 idem.					
DOIV[t] NIVETAN et Cie, à Paris, m/ facture,					
En échange,					
1 pièce drap de Louviers bleu de roi de 40 m., à fr. 27.......				1080	»
du 10 idem.					
DOIT FOURNIER, à Paris, m/ facture au comptant,					
Pour m/ compte,					
N° 1, 1 b/ grége, Brousse, k. 94 90, à fr. 37 75....		3582	45		
Escompte 13 p. %............................		465	65		
Reste........		3116	80		
Bonification pour bon poids......................		20	80		
Net.........		3096	»		
Pour compte de Cabot,					
N° 8, 1 b/ déchet, k. 105 500 gr., à fr. 3 40.......		358	70	3454	70
du 16 idem.					
DOIT MARTIN, à Paris, m/ facture,					
Payable à 90 jours,					
2 pièces drap de Louviers vert foncé de 40 m., à fr. 25......				2000	»
du 20 idem.					
DOIT PROTET, à Paris, m/ f[re] pour compte de Gerbis neveu,					
Payable comptant,					
N° 10, 1 b/ grége de pays, k. 90, à fr. 35.........		3150	»		
Bonification pour bon poids 1 p. %.......	31 50	63	»		
Courtage 1 p. %..........................	31 50				
Net..........				3087	»
Total des Ventes du mois de Février..........				15277	70

du 1er mars 1844.			
DOIT BOUTARD, à Paris, m/ fre, 1/2 comptt et 1/2 en règlemt,			
Pour m/ compte,			
N° 9, 1 b/ grége d'Espagne du poids de			
k. 56 500 gr., dont il faut déduire			
» 375 pour bon poids.			
k. 56 125 gr., poids net, à fr. 52 »... 2918 50			
Escompte 10 p. %.................. 291 85			
Net..................	2626 65		
Pour compte de Gerbis neveu,			
N° 11, 1 b/ grége de pays, net k. 94, à fr. 36 »...	3384 »	6010	65
du 4 idem.			
DOIT SORDAT, à Paris, m/ facture,			
Payable comptant,			
3 douz. p. de ruban couleur sur couleur, à fr. 42	126 »		
1 p. drap de Louviers bleu de roi de 40 m., à 28	1120 »	1246	»
du 5 idem.			
DOIT DUPRÉ, à Melun, m/ facture,			
Payable à 3 mois,			
1 p. drap de Louviers bleu de roi de 40 m., à fr. 28 »	1120 »		
1 idem vert foncé de 40 m., à 20 »	800 »		
5 p. calicot, 192 m. 50 c. pour 192 m., à 0 75	144 »	2064	»
du 7 idem.			
DOIVt JANET frères et Cie, à Amiens, m/ facture,			
Payable comptant,			
N° 3, 1 b/ grége, Perse, fine, k. 90, à fr. 32......	2880 »		
Escompte 3 p. %..............................	86 40		
Net.............		2793	60
du 12 idem.			
DOIVt JANET frères et Cie, à Amiens,			
Reprise de l'escompte de m/ facture du 7 courant,			
3 p. % sur fr. 2880..................................		86	40
Reporté....		12200	65

Report.....	12200	65
du 20 mars 1844.		
DOIT BARBEY, à Paris, m/ facture pour compte de Cabot, Payable comptant,		
N° 7, 1 b/ grége blanche, 1er blanc, k. 64, à fr. 99.. 6336 »		
Escompte 13 p. % .... 823 70 / Centimes déduits..................... » 30 — 824 »		
Net.	5512	»
du 22 idem.		
DOIT CORNIER, à Dijon, m/ facture, En échange,		
1 p. drap de Louviers vert foncé de 40 m., à fr. 22 » 880 »		
5 p. calicot, ensemble.......... 186 m., à 0 95 176 70	1056	70
du 25 idem.		
DOIT FÉROUX, à Paris, m/ facture pour compte de Robert, En échange,		
120 tonnes huile de colza à fr. 117......................	14040	»
du 26 idem.		
DOIT HUARD, à Paris, m/ facture, Payable comptant,		
5 p. drap de Louviers bleu de roi, 194 m., à fr. 24 50......	4753	»
Total des Ventes du mois de Mars..........	37562	35

RÉCAPITULATION.

Ventes du mois de Janvier..................................	16825	60
Ventes du mois de Février..................................	15277	70
Ventes du mois de Mars....................................	37562	35
Total général des Ventes, égal à l'addition générale des Avoirs des comptes de Marchses Gles, de Soies, de Draps de Louviers, de Soies de Cabot, de Soies de Gerbis neveu et d'Huile de Robert, déduction faite de 4400 fr. qui ont été contrepassés au compte de Marches Gles et portés au compte de Draps de Louviers	69665	65

LIVRES

D'ENTRÉE ET DE SORTIE

DES MARCHANDISES.

LIVRE D'ENTRÉE ET DE SORTIE

ENTRÉE.								
DATE de L'ENTRÉE.		QUANTITÉS.	PRIX.		DÉSIGNATION.	NOM du vendeur ou de L'EXPÉDITEUR	SA DEMEURE.	Observations.
1844 Janvier.	9	20 douzain.	50	»	Fichus semés de bouquets.	Varin jne.	Paris.	
	25	20 douzain.	60	»	Fichus semés de bouquets.	Ménard.	Dôle.	Retour.
Février.	1	5 douzain.	39	»	Voiles 7/8 blancs brochés, feuilles de vignes.	Garnot.	Paris.	
	1	4 douzain.	33	»	Voiles 7/8, bordures diverses.	Garnot.	Paris	
	1	6 douzain. pièces.	36	»	Rubans couleur sur couleur.	Naulay.	Paris.	
	1	5 pièces ou 200 mètres.	22	»	Drap de Louviers bleu de roi.	Denis.	Louviers.	
	2	4 pièces ou 160 mètres.	18	»	Drap de Louviers vert foncé.	Muteau.	Louviers.	
	11	2 pièces ou 80 mètres.	27	»	Drap de Louviers vert foncé.	Nicolin.	Amiens.	Retour.
Mars...	2	10 pièces ou 378 m. 50 c.	»	60	Calicot.	Th. Seguin.	Paris.	
	21	120 tonn.	117	»	Huile de Colza.	Robert.	Marseille.	En comm.
	21	6 douzain.	42	»	Caleçons.	Denis.	Louviers.	
	21	12 douzain.	9	»	Bonnets de coton.	Denis.	Louviers.	
	21	5 pièces ou 194 mètres.	20	»	Drap de Louviers bleu de roi.	Denis.	Louviers.	
	25	82 pièces ou 3200 mètr.	6	25	Toile de Hollande.	Féroux.	Paris.	

DE DIVERSES MARCHANDISES.

SORTIE.									
DATE de LA SORTIE.		QUANTITÉS.		PRIX.		NOM de l'acheteur ou du DESTINATAIRE.	SA DEMEURE.	Observations.
		TOTAL.	DÉTAIL.					
1844 Janvier.	15	20 douzes.	»	60	»	Ménard.	Dôle.	
Février.	3	20 douzes.	»	60	»	Nicolin.	Amiens.	
Février..	3	5 douzes.	»	48	»	Nicolin.	Amiens.	
Février.	3	4 douzes.	»	41	»	Nicolin.	Amiens.	
Février. Mars...	1 4	6 douzes.	3 douzes. 3 douzes.	44 42	» »	Denis. Sordat.	Louviers. Paris.	
Février. Id.... Mars... Id....	3 8 4 5	200 mèt.	80 mèt. 40 mèt. 40 mèt. 40 mèt.	27 27 28 28	» » » »	Nicolin. Nivetan et Comp. Sordat. Dupré.	Amiens. Paris. Paris. Melun.	
Février. Mars... Id....	3 5 22	160 mètres	80 mèt. 40 mèt. 40 mèt.	22 20 22	» » »	Nicolin. Dupre. Cornier.	Amiens Melun. Dijon.	
Février.	16	80 mètres.	»	25	»	Martin.	Paris.	
Mars... Id....	5 22	378 m. 50 c.	192 50 186 »	» »	75 95	Dupré. Cornier.	Melun. Dijon.	Cédé à Vilcoq.
Mars...	25	120 tonnes	»	117	»	Feroux.	Paris.	
Mars...	26	194 mètres	»	24	50	Huard.	Paris.	

LIVRE D'ENTRÉE ET

ENTRÉE.													
NUMÉROS.	DATE de L'ENTRÉE.		NOMBRE DE BALLES.	POIDS.		PRIX.		ESCOMPTE P. °/₀.		DÉSIGNATION.	NOM du vendeur ou de L'EXPÉDITEUR.	SA DEMEURE.
1	1844 Janvier.	1	1	94	90	25	20	»	»	Grége, Brousse.	——	——
2.		1	1	45	69	41	»	»	»	Organsin.	——	——
3.		1	1	90	»	24	50	»	»	Grége, Perse, fine.	——	——
4.		1	1	35	85	45	70	»	»	Trame de pays.	——	——
5.		22	1	128	»	»	»	»	»	Mi-perlée, Brousse.	Cabot.	Marseille.
6.		22	1	133	»	»	»	»	»	Cordonnet et floche.	Cabot.	Marseille.
7.	Février.	4	1	64	»	»	»	»	»	Grége blanche, 1er blanc	Cabot.	Marseille.
8.		4	1	105	50	»	»	»	»	Déchet.	Cabot.	Marseille.
9.		8	1	56	50	35	50	»	»	Grége d'Espagne.	Nivetan et Cie.	Paris.
10.		16	1	90	»	»	»	»	»	Grége de pays.	Gerbis neveu.	Montauban.
11.		16	1	94	»	»	»	»	»	Grége de pays.	Gerbis neveu.	Montauban.
12.	Mars. . .	2	1	78	»	25	50	»	»	Rondelette.	Thom. Seguin.	Paris.

DE SORTIE DES SOIES.

SORTIE.												
DATE de LA SORTIE.		NOMBRE DE BALLES.	POIDS.		PRIX.		ESCOMPTE P. °/°.		NOM de l'acheteur ou du DESTINATAIRE.	SA DEMEURE.	Observations.
1844 Février.	10	1	94	90	37	75	13	»	Fournier.	Paris.	
Janvier.	5	1	45	69	61	»	13	»	Bertet.	Valenciennes.	
Mars. . .	7	1	90	»	32	»	3	»	Janet frères et Cie.	Amiens.	
Janvier.	17	1	35	85	68	50	13	»	Dentut.	Dôle.	
Janvier.	29	1	128	»	46	»	»	»	Barbey.	Paris.	En commission
Janvier.	23	1	133	»	39	»	»	»	Julien.	Beauvais.	En commission
Mars. . .	20	1	64	»	99	»	13	»	Barbey.	Paris.	En commission
Février.	10	1	105	50	3	40	»	»	Fournier.	Paris.	En commission
Mars. . .	1	1	56	50	52	»	10	»	Boutard.	Paris.	
Février.	20	1	90	»	35	»	1	»	Protet.	Paris.	En commission
Mars. . .	1	1	94	»	36	»	»	»	Boutard.	Paris.	En commission

LIVRE D'ENREGISTREMENT

DES EFFETS A RECEVOIR.

LIVRE D'ENREGISTREMENT

Enregistrement. NUMÉROS.	DATES.		CÉDANTS.	LEUR VILLE.	NATURE DES EFFETS.	TIREURS ou Souscripteurs.	LEUR VILLE.	DATE des EFFETS.	
101	Janvier.	8	Bertet.	Valenciennes.	B^{et}.	Bertet.	Valenciennes.	Janvier.	8
102		»	Id.	Id.	Id.	Id.	Id.	Id.	»
103		»	Id.	Id.	Id.	Id.	Id.	Id.	»
104		11	N. Durand et Comp.	Paris.	Id.	Servan.	Poitiers.	Id.	10
105		13	Triot.	Poitiers.	Id.	Trotard.	Paris.	Nov.	10
106		»	Id.	Id.	Id.	Huguet.	Id.	Id.	15
107		15	Ménard.	Dôle.	Mand/	Moi.	——	Janvier.	15
108		19	Dentut.	Id.	T^{te}.	Id.	——	Id.	19
109		23	Julien.	Beauvais.	Id.	Id.	——	Id.	23
110		»	Id.	Id.	Id.	Id.	——	Id.	»
111		»	Id.	Id.	Id.	Id.	——	Id.	»
112		»	Id.	Id.	Id.	Id.	——	Id.	»
113	Février.	5	Barbier.	Paris.	Id.	Barbier.	Paris.	Février.	5
114		6	Opportune.	Id.	Mand/	Opportune.	Id.	Id.	6
115		16	Martin.	Id.	B^{et}.	Martin.	Id.	Id.	16
116		19	Cabot.	Marseille.	Mand/	Moi.	——	Id.	19
117		20	Roquet.	Paris.	T^{te}.	Roquet.	Paris.	Id.	20
118		»	Id.	Id.	B^{et}.	Laysin.	Louviers.	Janvier.	8
119		»	Id.	Id.	Id.	Ronsin.	Amiens.	Id.	12
120		21	Barrière.	Id.	Id.	Pardon.	Montauban.	Mars.	31
121		23	N. Durand et Comp.	Id.	Mand/	N. Durand et Comp.	Paris.	Février.	22
122	Mars...	1	Boutard.	Id.	B^{et}.	Leblanc.	Lyon.	Décemb	15
123		»	Id.	Id.	T^{te}.	Boutard.	Paris.	Février.	25
124		2	Barbier.	Id.	Mand/	Barbier.	Id.	Mars.	2
125		4	Sordat.	Id.	B^{et}.	Rapin.	Id.	Décemb	6
126		7	Janet frères et Comp.	Amiens.	Mand/	Moi.	——	Mars.	7
127		12	Id.	Id.	B^{et}.	Janet frères et Comp.	Amiens.	Id.	10
128		13	Sordat.	Paris.	Id.	Rapin.	Paris.	Id.	12
129		22	Cornier.	Dijon.	Id.	Riquoy.	Id.	Décemb	20

DES EFFETS A RECEVOIR.

ORDRE.	ENDOSSEURS.	SUR QUI.	LIEU de PAIEMENT.	ÉCHÉANCES.		MONTANT DES EFFETS.		SORTIE.		
								DATES.		A QUI CÉDÉ.
M/ ord/	——	Bertet.	Valenciennes.	Avril.	10	1000	»	Janv.	9	Varin jeune.
Id.	——	Id.	Id.	Id.	10	1000	»	Id.	11	N. Durand et Comp.
Id.	——	Id.	Id.	Id.	15	424	80	Id.	16	Barbier.
N. Durand et Comp.	——	Servan.	Poitiers.	Févr.	15	1000	»	Févr.	4	Id.
Vérac.	Arnauld.	Trotard.	Paris.	Id.	10	552	75	Id.	13	*Rendu.*
Aubert.	Guibal.	Huguet.	Id.	Id.	15	740	»	Id.	15	*Encaissé.*
M/ ord/	——	Ménard.	Dôle.	Avril.	15	1200	»	Janv.	16	Barbier.
Barbier.	——	Jamin.	Id.	Id.	20	2125	80	Id.	19	Id.
M/ ord/	——	Julien.	Beauvais.	Id.	25	1000	»	Févr.	22	Napol. Baby
Id.	——	Id.	Id.	Id.	25	1000	»	Févr.	4	Barbier.
Id.	——	Id.	Id.	Id.	30	2000	»	Id.	»	Id.
Id.	——	Id.	Id.	Id.	30	1187	»	Févr.	1	Denis.
Id.	——	Firmin.	Marseille.	Fév.	29	2000	»	Id.	5	Cabot.
Id.	——	Brenot et Cie	Louviers.	Mai.	5	2880	»	Id.	6	Muteau.
Id.	——	Martin.	Paris.	Juin.	15	1000	»	Id.	21	Barrière.
Savaret.	——	Cabot.	Marseille.	A vue.	»	1200	»	Févr.	19	Savaret.
Roquet.	——	Hope.	Montauban.	Mars.	20	500	»	Id.	21	Gerbis neveu.
Petit.	Blot, Corn.	Laysin.	Louviers.	Id.	31	450	»	Mars.	21	Denis.
Gateaux.	Jourdain.	Ronsin.	Amiens.	Avril.	15	600	»	Mars.	2	Thom. Seguin
Raton.	Roy.	Pardon.	Montauban.	Mars.	31	1400	»	Févr.	21	Gerbis neveu.
N. Durand et Comp.	——	Servan.	Poitiers.	A vue.	»	1026	»	Id.	24	Barbier.
Gross.	Max, Gelé.	Leblanc.	Lyon	Mars.	20	1000	»	Mars.	1	Ponat.
Boutard.	——	Gaillard.	Id.	Id.	25	2500	»	Id.	9	*Rendu.*
M/ ord/	——	Fernand.	Albi.	A vue.	»	3276	85	Mars.	2	Gerbis neveu.
Borne.	Ravier.	Rapin.	Paris.	Mars.	15	500	»	Id.	13	*Rendu.*
M/ ord/	——	Janet frères et Comp.	Amiens.	2 j. vue		2793	60	Mars.	7	Barbier.
Id.	——	Id.	Id.	Juin.	5	2880	»	Id.	16	Jeanson.
Sordat.	——	Rapin.	Paris.	Avril.	15	500	»			
Biat.	Miron.	Riquoy.	Id.	Mars.	25	500	»	Mars.	28	*Rendu.*

LIVRE D'ENREGISTREMENT DES EFFETS A PAYER.

Nos D'ORDRE.	DATE de la CONFECTION.		NATURE DES EFFETS.	ORDRE.	ÉCHÉANCES.		MONTANT des EFFETS.		Observations.
1	Janvier	12	Traite.	Triot.	Février	15	1500	»	
2	Février	5	Id.	Cabot.	Mars...	16	3000	»	
3		»	Id.	Id.	Id.	31	3000	»	
4		12	Billet.	Denis.	Id.	15	3019	40	
5		27	Traite.	Thiviers.	Id.	15	1500	»	

CARNET D'ÉCHÉANCES DES EFFETS A RECEVOIR.

DATE de L'ENTRÉE — MOIS.	DATES.	Nos D'ORDRE.	SOUSCRIPTEURS ou ACCEPTEURS	DOMICILE.	CÉDANTS.	ÉCHÉANCES.	MONTANT des EFFETS.		NÉGOCIÉ ou ENCAISSÉ.
			***Effets à Recevoir au mois de Janvier* 1844.**						
			***Effets à Recevoir au mois de Février* 1844.**						
Janv.	11	104	Servan.	Poitiers.	N. Durand et Comp.	15	1000	»	Barbier.
	13	105	Trotard.	Paris.	Triot.	10	552	75	*Rendu.*
	»	106	Huguet.	Id.	Id.	15	740	»	*Encaissé.*
Fév.	5	113	Firmin.	Marseille.	Barbier.	29	2000	»	Cabot.
	19	116	Cabot.	Id.	Cabot.	vue	1200	»	Savaret.
	23	121	Servan.	Poitiers.	N. Durand et Comp.	vue	1026	»	Barbier.
			***Effets à Recevoir au mois de Mars* 1844.**						
Fév.	20	117	Hope.	Montauban.	Roquet.	20	500	»	Gerbis nev.
	»	118	Laysin.	Louviers.	Id.	31	450	»	Denis.
	21	120	Pardon.	Montauban.	Barrière.	31	1400	»	Gerbis nev.
Mars	1	122	Leblanc.	Lyon.	Boutard.	20	1000	»	Ponat.
	»	123	Gaillard.	Id.	Id.	25	2500	»	*Rendu.*
	2	124	Fernand.	Albi.	Barbier.	vue	3276	85	Gerbis nev.
	4	125	Rapin.	Paris.	Sordat.	15	500	»	*Rendu.*
	7	126	Janet frères et Comp.	Amiens.	Janet frères et Comp.	2 j. vue	2793	60	Barbier.
	22	129	Riquoy.	Paris.	Cornier.	25	500	»	*Rendu.*

SUITE DU CARNET D'ÉCHÉANCES DES EFFETS A RECEVOIR.

DATE de L'ENTRÉE — MOIS.	DATES.	N^os D'ORDRE.	SOUSCRIPTEURS ou ACCEPTEURS.	DOMICILE.	CÉDANTS.	ÉCHÉANCES.	MONTANT des EFFETS.		NÉGOCIÉ ou ENCAISSÉ.
				Effets à Recevoir au mois d'Avril 1844.					
Janv.	8	101	Bertet.	Valenciennes	Bertet.	10	1000	»	Varin jeune.
	»	102	Id.	Id.	Id.	10	1000	»	N. Durand et Comp.
	»	103	Id.	Id.	Id.	15	424	80	Barbier.
	15	107	Ménard.	Dôle.	Ménard.	15	1200	»	Id.
	19	108	Jamin.	Id.	Dentut.	20	2125	80	Id.
	23	109	Julien.	Beauvais.	Julien.	25	1000	»	Napol. Baby.
	»	110	Id.	Id.	Id.	25	1000	»	Barbier.
	»	111	Id.	Id.	Id.	30	2000	»	Id.
	»	112	Id.	Id.	Id.	30	1187	»	Denis.
Fév.	20	119	Ronsin.	Amiens.	Roquet.	15	600	»	Th. Seguin.
Mars	13	128	Rapin.	Paris.	Sordat.	15	500	»	
				Effets à Recevoir au mois de Mai 1844.					
Fév.	6	114	Brenot et Cie.	Louviers.	Opportune.	5	2880	»	Muteau.
				Effets à Recevoir au mois de Juin 1844.					
Fév.	16	115	Martin.	Paris.	Martin.	15	1000	»	Barrière.
Mars	12	127	Janet frères et Comp.	Amiens.	Janet frères et Comp.	5	2880	»	Jeanson.

CARNET D'ÉCHÉANCES DES EFFETS A PAYER.

DATE de la CONFECTION. MOIS.	DATES.	Nos D'ORDRE.	NATURE DES EFFETS.	ORDRE.	ÉCHÉANCES.	MONTANT des EFFETS.		Observations.
				***Effets à Payer au mois de Janvier* 1844.**				
				***Effets à Payer au mois de Février* 1844.**				
Janvier	12	1	Traite.	Triot.	15	1500	»	
				***Effets à Payer au mois de Mars* 1844.**				
Février	5	2	Traite.	Cabot.	16	3000	»	
	»	3	Id.	Id.	31	3000	»	
	12	4	Billet.	Denis.	15	3019	40	
	27	5	Traite.	Thiviers.	15	1500	»	

LIVRE DE CAISSE.

F° 1.

Doit. CAISSE.

1844				
Janvier. . .	1	Reçu de Gabarrot, à Paris.	12000	»
	6	Boni trouvé en faisant la caisse.	50	»
			12050	»
Janvier. . .	7	Espèces en caisse.	1689	75
			1689	75
Janvier. . .	14	Espèces en caisse.	1475	75
			1475	75
Janvier. . .	21	Espèces en caisse.	1459	75
			1459	75
Janvier. . .	28	Espèces en caisse.	1448	35
	30	Reçu de Paul Bérard et Cie pour commission.	88	»
			1536	35

F° 1.

CAISSE. **Avoir.**

1844				
Janvier. ..	2	Versé à la Caisse de Barbier, à Paris..................	9000	»
	»	Payé 6 mois de loyer d'avance.....................	900	»
	3	Payé 3 stères de bois pour le magasin.................	90	25
	4	Prix d'une caisse ou coffre-fort......................	120	»
	5	Prélevé en espèces..............................	250	»
		Balance...............	1689	75
			12050	»
Janvier. ..	8	Contrepassé l'art. du 6 courant ci-contre.............	50	»
	13	Payé à Javel, à Paris..........................	164	»
		Balance...............	1475	75
			1689	75
Janvier...	20	Payé à l'emballeur..............................	16	»
		Balance...............	1459	75
			1475	75
Janvier. ..	22	Port de 2 balles de soie de Cabot, à Marseille..........	6	90
	25	Port de marchandises en retour......................	4	50
		Balance...............	1448	35
			1459	75
Janvier. ..	31	Appointements de mon commis......................	150	»
	»	Ports de lettres du mois et menus frais...............	11	20
		Balance...............	1375	15
			1536	35

F° 2.

Doit. CAISSE.

1844				
Février...	1	Espèces en caisse..................................	1375	15
			1375	15
Février...	4	Espèces en caisse..................................	722	15
	»	Reçu à la caisse de Barbier, à Paris..................	4000	»
	10	Reçu de Fournier, à Paris..........................	3454	70
			8176	85
Février...	11	Espèces en caisse..................................	4058	05
	15	Encaissé le N° 106.................................	740	»
	16	Reçu de Martin, à Paris............................	980	»
			5778	05
Février...	18	Espèces en caisse..................................	4266	85
	19	Reçu de Savaret, à Paris...........................	1212	»
	20	Reçu de Protet, à Paris............................	3087	»
	22	Reçu de Napoléon Baby, à Paris.....................	987	»
	23	Reçu de N. Durand et Cie, à Paris..................	8	»
			9560	85

F° 2.

CAISSE. **Avoir.**

1844				
Février...	3	Payé à Garnot, à Paris	337	»
	»	Id. à Naulay, id.	216	»
	»	Id. à Dufor, id.	100	»
		Balance	722	15
			1375	15
Février...	4	Port de 2 b/ de soie de Cabot	5	20
	6	Compté à Opportune pour un mandat de 2880 fr.	2865	60
	8	Compté à Nivetan et Cie, à Paris	898	»
	10	Prélevé en espèces	300	»
	»	Payé 2/12 de ma patente	50	»
		Balance	4058	05
			8176	85
Février...	11	Port de 2 pièces de drap en retour	3	75
	13	Protêt et enregistrement du N° 105	7	45
	15	Acquitté, N° 1, traite de Triot	1500	»
		Balance	4266	85
			5778	05
Février...	20	Compté à Roquet, à Paris	1525	40
	21	Compté à Barrière, à Paris	400	»
	»	Mon envoi d'espèces à Gerbis neveu, à Montauban	1100	»
	24	Versé à la caisse de Barbier, à Paris	1000	»
		Balance	5535	45
			9560	85

F° 3.

Doit.

CAISSE.

1844				
Février...	25	Espèces en caisse	5535	45
			5535	45
Mars.....	1	Espèces en caisse	3197	»
	»	Reçu de Boutard, à Paris	2510	65
			5707	65
Mars.....	3	Espèces en caisse	4115	80
	4	Reçu de Sordat, à Paris	696	15
	9	Reçu de Boutard, à Paris	2565	65
			7377	60
Mars.....	10	Espèces en caisse	7356	60
	13	Reçu de Sordat, à Paris	5	»
			7361	60

CAISSE. **Avoir.**

1844				
Février....	26	Donné à Jules Leroy, mon neveu....................	500	»
	28	Prélevé en espèces..................................	130	»
	29	Payé à Forest, à Paris............................	1500	»
	»	Prélevé en espèces..................................	41	65
	»	Appointements de m/ commis........................	150	»
	»	Ports de lettres du mois...........................	12	50
	»	Divers menus frais..................................	4	30
		Balance..........	3197	»
			5535	45
Mars.....	2	Payé à Thomas Seguin, à Paris......................	1591	85
		Balance..........	4115	80
			5707	65
Mars.....	5	Remboursé 6 p. de rubans tachés....................	21	»
		Balance..........	7356	60
			7377	60
Mars.....	15	Payé, N° 5, traite de Lombard......................	1500	»
	»	Acquitté, N° 4, m/ billet ord/ Denis................	3019	40
	16	Compté à Jeanson, à Paris..........................	166	»
		Balance..........	2676	20
			7361	60

F° 4.

Doit. CAISSE.

1844				
Mars.....	17	Espèces en caisse..................................	2676	20
	18	Reçu de Ruette, à Paris..........................	6090	»
	20	Reçu de Barbey, à Paris..........................	5512	»
	23	Reçu d'Ozou frères, à Paris......................	1403	70
			15681	90
Mars.....	24	Espèces en caisse..................................	15627	90
	26	Reçu de Huard, à Paris...........................	753	»
			16380	90
Avril....	1	Espèces en caisse..................................	1738	50

CAISSE. Avoir.

1844				
Mars.....	21	Port de 120 ton. d'huile de Robert..................	54	»
		Balance...........	15627	90
			15681	90
Mars.....	25	Compté à Féroux, à Paris........................	5781	20
	»	Magasinage de 120 ton. d'huile de Robert...............	24	»
	27	Acquitté une traite de Ponat, à Lyon................	5112	85
	28	Frais judiciaires et timbres du N° 129, rendu..........	14	35
	30	Acquitté, N° 3, traite de Cabot.....................	3000	»
	»	Payé à l'emballeur............................	36	80
	»	1 douzième échu de la patente.....................	25	»
	»	Appointements de m/ commis	150	»
	»	Ports de lettres du mois.........................	16	80
	»	Divers menus frais............................	6	40
	»	Prélevé en espèces	400	»
	»	Déficit trouvé en faisant la caisse...................	75	»
		Balance...........	1738	50
			16380	90

LIVRE

DES COMPTES COURANTS

PORTANT INTÉRÊTS.

Doit. M. MUNIER, à Paris, s/ Cte courant et d'intérêts à 5 p. % l'an,

1844										
Janvier. .	24	2000	»	»	»	Payé à Robert. 1/8	23 janv.	23	6	40
	25	1200	»	»	»	Dôle, rendu.	15 avril.	»	»	»
Février. .	4	4000	»	»	»	Espèces.	3 févr..	34	18	90
	5	2000	»	»	»	M/ traite sur Marseille 1/2	29 id. . .	60	16	65
	22	1022	70	»	»	Retour s/ Poitiers et frais..	15 id. . .	»	»	»
Mars . . .	2	3276	85	»	»	M/mand/sur Albi, à vue, 1/2	4 mars.	64	29	15
	11	2794	40	»	»	Amiens, rendu et L/.	. . . .	»	»	»
						Int. s/13690 fr. bal. des cap.	. . . .	91	173	05
				24	65	3/8 % sur 6576 fr. 60 c.				
		53	55	2	50	1/8 % sur 2000 fr.				
				26	40	1/2 % sur 5276 fr. 85 c.				
		13681	75	»	»	Solde à Nouveau.				
		30029	25						244	15

Nota. C'est Barbier qui nous remet ce compte qu'il a établi d'après a méthode

réglé chez BARBIER, le 31 Mars 1844. **Avoir.**

1844										
Janvier..	2	9000	»	»	»	Espèces.	2 janv..	2	2	50
	16	1624	80	1200	»	Dôle.	15 avril.	»	»	»
				424	80	Valenciennes........ 3/8	15 id...	106	6	25
	19	2125	80	»	»	Dôle. 3/8	20 id...	111	32	75
				1000	»	Poitiers.	15 févr..	»	»	»
Février..	4	4000	»	1000	»	Beauvais........... 3/8	25 avril.	116	16	10
				2000	»	...id. 3/8	30 id...	121	33	60
	24	2026	»	1026	»	Poitiers, à vue...... 3/8	5 mars.	65	9	25
				1000	»	Espèces.	24 févr..	55	7	65
Mars....	6	8400	»	»	»	...id	6 mars.	66	77	»
	7	2793	60	»	»	Amiens, 2 jours vue.....	....	»	»	»
		59	05	»	»	Int. et balance des intérêts.	....	....	59	05
		30029	25						244	15
		13681	75	»	»	Solde à Nouveau.	31 mars.			

Sauf erreurs ou omissions.
Paris, le 30 Mars 1844.
BARBIER.

indirecte, en faisant partir les intérêts compensatoires du 1er janvier.

Doit. M. CABOT, à Marseille, s/ Cte c^{t} et d'intérêts à 5 p. % l'an,

1844									
Janvier...	23	2000	»	»	»	Payé à Robert.	23 janv..	23	46000
				2000	»	Marseille........... 1/2	29 fév..	60	120000
Février. .	5	8000	»	3000	»	S/ traite.	16 mars.	76	228000
				3000	»	...id.	31 id...	91	637000
Mars. ...	26	4000	»	»	»	...id..			
						N/ sur 3624 fr. bal. des cap.	....	91	329784
		96	30	86	30	Intér. et bal. des nombres.	....	....	621496
				10	»	1/2 p. % sur 2000 fr.			
		3528	95	»	»	Solde à Nouveau.			
		17625	25						1982280

Nota. C'est nous qui remettons ce compte que nous établissons d'après la méthode

réglé chez MUNIER, le 31 mars 1844. **Avoir.**

1844									
Janvier. .	30	10735	85	»	»	Produit net de 2 b/ soie....	15 mai..	136	1459960
Février. .	19	1200	»	»	»	M/ mand/, à vue.........	25 févr..	56	67200
Mars. . . .	20	5689	40	»	»	Produit net de 2 b/ soie . .	20 mars.	80	455120
		17625	25						1982280
		3528	95	»	»	Solde à Nouveau.	31 mars.		

Sauf erreurs ou omissions.
Paris, le 29 mars 1844.
MUNIER.

indirecte. en faisant partir les intérêts compensatoires du 1er janvier.

LIVRES PRINCIPAUX.

Nous nous servirons pour composer les Livres Principaux des moyens que nous avons déjà employés dans notre première tenue des livres; nous raisonnerons avec nos lecteurs chaque article de la Main Courante pour en faire des articles de Journal; nous porterons ces articles au Journal et au Grand Livre; à la fin de chaque mois nous ferons une Balance pour nous assurer que tous les articles du journal sont exactement portés au grand livre, et pour connaître notre position avec chacun de nos correspondants; quand nous aurons épuisé la série des opérations qui figurent à la main courante, nous procèderons à l'Inventaire; puis nous solderons les comptes, et notre comptabilité sera finie.

A mesure que nous avancerons dans le travail que nous venons de tracer, nos lecteurs devront consulter de nouveau les principes que nous avons donnés dans le premier volume sur la manière de passer les articles au journal, de porter les articles du journal au grand livre, d'établir les balances et l'inventaire, et de solder les comptes.

Rédaction raisonnée des Articles du Journal du Mois de Janvier.

1. ——————— du 1er janvier 1844. ———————

Mon père m'a fait présent de 4 balles de soie qui composent tout m/ actif, et que je porte à un compte spécial intitulé SOIES, *savoir :*

N° 1, 1 b/ grége, Brousse, net k.	94 90, *à fr.*	25 20	2391 50	
N° 2, 1 b/ organsin, »	45 69, »	41 »	1873 30	
N° 3, 1 b/ grége, Perse, fine, »	90 », »	24 50	2205 »	
N° 4, 1 b/ trame de pays, »	35 85, »	45 70	1638 35	8108 15

1re QUESTION. Qui est-ce qui *reçoit?*

RÉPONSE. SOIES.

2e QUESTION. Qui est-ce qui *fournit?*

RÉPONSE. CAPITAL.

Nous écrirons donc au Journal :

SOIES

A CAPITAL.

Voyez le Journal, art. 1er.

Nous avons vu quelques élèves hésiter pour faire cet article, et nous demander s'il fallait créditer le père qui fournit les soies. Pourquoi cette question si singulière? C'est parce qu'ils ne réfléchissaient pas que si c'est le père qui donne les soies au fils, c'est le fils qui donne les soies au commerce; que c'est son capital, à lui fils, provenant de la libéralité de son père; que si l'on créditait le père, cela voudrait dire qu'il n'a fait que fournir les soies à titre de prêt, ce qui ne résulte pas des termes de l'article.

Comme cet article est l'article d'ouverture des livres, il est indispensable d'y faire figurer en détail les soies dont se compose le capital.

2. ——————— du 1er janvier 1844. ———————

Mon oncle Gabarrot, à Paris, me remet, à titre de prêt, une somme de 12000 fr. en espèces, dont je lui paierai l'intérêt à 5 p. °/₀ l'an, ci. .... 12000 »

1re Question. Qui est-ce qui *reçoit?*

Réponse. CAISSE.

2e Question. Qui est-ce qui *fournit?*

Réponse. GABARROT.

Nous écrirons donc au Journal.

CAISSE A GABARROT.

Voyez le Journal, art. 2.

Cet exemple diffère essentiellement du précédent; ce n'est point un présent que Gabarrot fait à son neveu, ce n'est qu'un prêt que ce dernier devra lui rembourser; il est donc juste d'en créditer Gabarrot.

3. ——————— du 2 idem. ———————

Je verse à la caisse de Barbier, banquier, à Paris, avec qui j'aurai un compte courant portant intérêts à 5 p. °/₀ l'an, une somme de .... 9000 »

1re Question. Qui est-ce qui *reçoit?*

Réponse. BARBIER.

2e Question. Qui est-ce qui *fournit?*

Réponse. CAISSE.

Nous écrirons donc au Journal·

BARBIER A CAISSE.

Voyez le Journal, art. 3.

4. —————— du 2 janvier 1844. ——————

Je compte 900 *fr. en espèces au propriétaire de la maison, n°* 15, *rue Rambuteau, pour* 6 *mois de loyer payés par avance du magasin où je m'établis, ci*.............. 900 »

1re Question. Qui est-ce qui *reçoit?*

Réponse. **Loyer payé par avance.**

2e Question. Qui est-ce qui *fournit?*

Réponse. Caisse.

Nous écrirons donc au Journal :

LOYER PAYÉ PAR AVANCE A CAISSE.

Voyez le Journal, art. 4.

L'explication que nous avons donnée d'un pareil article dans le premier volume de cet ouvrage nous dispense d'entrer dans de nouveaux détails; mais nous sentons le besoin d'inviter nos lecteurs à revoir nos observations, afin de s'en bien pénétrer et de se trouver à même de contribuer à déraciner une grande erreur que les autres auteurs de méthodes de tenue des livres s'étaient plu à propager.

A la fin du bail on crédite le compte de Loyer payé par Avance, pour solde, par le débit de Frais Généraux.

5. —————— du 2 idem. ——————

Je règle avec Javel, menuisier, à Paris, son mémoire ainsi établi :

Prix d'un bureau et d'un casier..............	72 »	
Id. d'un comptoir..........................	68 »	
Bois, façon et posage de rayons dans le magasin..	65 »	
Total........	205 »	
Rabais 1/5..........................	41 »	
Net.........	164 »	
Somme qu'il fera recevoir le 13 *courant, ci*...........		164 »

1re QUESTION. Qui est-ce qui *reçoit?*
RÉPONSE. **MOBILIER.**
2e QUESTION. Qui est-ce qui *fournit?*
RÉPONSE. **JAVEL.**

Nous écrirons donc au Journal :

MOBILIER **A JAVEL.**

Voyez le Journal, art. 5.

Effectivement, les ouvrages de menuiserie que Javel a faits concernent bien le mobilier à l'usage du commerce, et il faut en porter le prix au doit du compte de Mobilier, d'une part, et à l'avoir de Javel, jusqu'à ce qu'il soit payé, de l'autre part. Mais rien ne nous oblige à copier au journal le mémoire de Javel comme il est établi à la main courante; il nous suffit d'y porter le prix net, le mémoire de Javel nous restant pour nous servir au besoin comme pièce justificative de l'exactitude de l'article.

Quant au rabais, il faut bien se garder de le passer à Profits et Pertes, comme l'indiquent certains auteurs ; ce serait supposer qu'on réalise un bénéfice en achetant du mobilier, ce qui est absurde.

6. ——— du 3 janvier 1844. ———

J'achette, contre espèces, pour l'usage de m/ magasin

3 *stères de bois, à fr.* 32 *le stère*.............	96 »	
Escompte 6 %............................	5 75	
Net.................		90 25

1re QUESTION. Qui est-ce qui *reçoit?*
RÉPONSE. **FRAIS GÉNÉRAUX.**
2e QUESTION. Qui est-ce qui *fournit?*
RÉPONSE. **CAISSE.**

Nous écrirons donc au Journal :

FRAIS GÉNÉRAUX **A CAISSE.**

Voyez le Journal, art. 6.

7. ——— du 4 idem. ———

J'achette et je paie en espèces une caisse ou coffre-fort pour serrer m/ argent et mes valeurs de portefeuille....... 120 »

1re QUESTION. Qui est-ce qui *reçoit?*

RÉPONSE. **MOBILIER.**

2e QUESTION. Qui est-ce qui *fournit?*

RÉPONSE. **CAISSE.**

Nous écrirons donc au Journal :

MOBILIER **A CAISSE.**

Voyez le Journal, art. 7.

8. ———— du 4 janvier 1844. ————

Dufor, à Paris, me livre un calorifère pour le prix de 100 *fr. payables comptant, c'est-à-dire à présentation de sa facture, ci* .... 100 »

1re QUESTION. Qui est-ce qui *reçoit?*

RÉPONSE. **MOBILIER.**

2e QUESTION. Qui est-ce qui *fournit?*

RÉPONSE. **DUFOR.**

Nous écrirons donc au Journal :

MOBILIER **A DUFOR.**

Voyez le Journal, art. 8.

9. ———— du 5 idem. ————

Je vends à Bertet à Valenciennes,

N° 2, 1 *b/ organsin, net k.* 45 69, *à fr.* 61....	2787 10	
Escompte 13 *p.%*	362 30	
Net	2424 80	
Payables en son réglement à 90 *jours, ci*..............		2424 80

1re QUESTION. Qui est-ce qui *reçoit?*

RÉPONSE. **BERTET.**

2e QUESTION. Qui est-ce qui *fournit?*

RÉPONSE. **SOIES.**

Nous écrirons donc au Journal :

BERTET **A SOIES.**

Voyez le Journal, art. 9.

Nous faisons figurer au journal dans tous ses détails la facture de cette vente. On a assez l'habitude de faire ainsi pour les opérations importantes, et surtout quand il s'agit de marchandises qui se vendent par pièces, par balles, par tonnes ou par parties considérables. Mais il serait difficile déposer ici une règle générale ; c'est la nature du commerce qui doit déterminer le comptable à ne porter les détails des opérations qu'au livre de ventes et au livre d'achats, ou à les répéter au journal, et nous ne voyons d'ailleurs aucun inconvénient à abandonner à son jugement ou même à son caprice le choix du mode à adopter.

Nous avons déjà donné notre opinion au sujet de l'escompte. Nous ajouterons ici que l'escompte n'est pas toujours une réduction faite dans le but de recevoir des espèces ; souvent ce n'est autre chose qu'une manière de vendre qui s'est depuis longtemps introduite dans le commerce : le savon, par exemple, les vis de bois, les perles, etc., se vendent sur certaines places à un prix de convention qui ne varie que par le taux de l'escompte. L'escompte de certaines marchandises s'élève quelquefois jusqu'au taux énorme de 75 p. %, c'est-à-dire que, quand on vend au prix de 100 fr., l'acheteur n'a que 25 fr. à payer, escompte déduit. Cela prouve évidemment que l'escompte ne doit que rarement être considéré comme un profit résultant d'un paiement en espèces fait par anticipation, et que lorsqu'il a lieu au moment de l'achat ou de la vente, on doit tout simplement le déduire du prix brut, et ne porter aux divers comptes que le prix net des marchandises.

10. ———————— du 5 janvier 1844. ————————

Je donne à ma femme pour les besoins du ménage une somme de.... .... 250 »

1re Question. Qui est ce qui *reçoit?*

Réponse. Dépenses domestiques.

2e Question. Qui est-ce qui *fournit?*

Réponse. Caisse.

Nous écrirons donc au Journal·

DÉPENSES DOMESTIQUES A CAISSE.

Voyez le Journal, art .10

Pour indiquer au journal l'emploi de ces 250 fr., nous n'avons donné d'autre explication que celle-ci : *Prélevé en espèces.* C'est la formule usitée pour les dépenses qui ne regardent pas le commerce ; la loi n'oblige point le commerçant à énumérer toutes ses dépenses particulières, pas plus qu'elle ne s'oppose à ce qu'il nourrisse et entretienne lui et les siens du produit de son trafic. Au cas de mauvaises affaires, les juges, qui auraient à s'enquérir des causes qui auraient pu déterminer la position critique d'un commerçant ne porteraient leur investigation sur le compte des dépenses domestiques, et n'en demanderaient les détails qu'autant qu'elles ne seraient point en proportion avec ses ressources. Or, comme ce volume et le suivant sont essentiellement pratiques, nous voulons qu'on n'y trouve que les termes et les formules en usage.

11. ——————— du 6 janvier 1844. ———————

Aujourd'hui samedi je fais ma caisse.

L'addition de mon livre de caisse me donne le résultat suivant :

Addition du Doit..............	12000	»
Addition de l'Avoir............	10360	25
Différence exprimant le montant des espèces qu'il doit y avoir dans la caisse..............	1639	75
Je suppose que je compte mes espèces et que je trouve dans ma caisse............................	1689	75
Au lieu de...........................	1639	75
Différence indiquant qu'il y a dans la caisse de plus qu'il ne devrait y avoir...............	50	»

Je suppose encore qu'après de longues recherches je ne sois point parvenu à découvrir m/ erreur, et que je me décide à faire disparaître cette irrégularité.

Je fais en conséquence un article au Journal de..... 50 »

1re QUESTION. Qui est-ce qui *reçoit?*

RÉPONSE. CAISSE.

2e QUESTION. Qui est-ce qui *fournit?*

RÉPONSE. PROFITS ET PERTES.

Nous écrirons donc au Journal :

CAISSE A PROFITS ET PERTES.

Voyez le Journal, art. 11.

C'est bien effectivement un profit qui vient accroître les recettes de la caisse.

Il est à regretter pour le caissier que ce cas arrive beaucoup plus rarement que le cas contraire ; nous l'avons supposé ici pour fournir à nos lecteurs un exemple qui les mette en état de résoudre les questions analogues, et surtout pour donner lieu à l'article suivant qui va fournir un principe d'une fréquente application.

12. ——————— du 8 janvier 1844. ———————

Aujourd'hui lundi le boulanger me présente une note de 50 fr. qu'il devait présenter samedi dernier, et, en la payant, je me rappelle que ma femme m'avait laissé 50 fr. sur les 250 fr. que j'avais portés en dépense pour les besoins du ménage, afin que je pusse acquitter cette note sans avoir à faire une nouvelle écriture.

Cela explique la différence de 50 fr. trouvée en boni, en faisant la caisse, le 6 courant.

Ma caisse se trouvant juste après le paiement de ces 50 fr., je contrepasse l'article du 6 courant, ci.......... 50 »

1re Question. Qui est-ce qui *reçoit?*

Réponse. **Profits et Pertes.**

2e Question. Qui est-ce qui *fournit?*

Réponse. **Caisse.**

Nous écrirons donc au Journal :

PROFITS ET PERTES **A CAISSE.**

Voyez le Journal, art. 12.

En effet le profit, qui semblait résulter de la vérification de la caisse, et dont nous avions cru devoir grossir l'avoir de Profits et Pertes dans l'article précédent, n'existant pas, nous devons supposer une perte égale que nous portons au doit du même compte pour balance. Il en est ainsi du compte de Caisse ; de même que nous avions supposé une recette, nous supposons une dépense, et l'erreur se trouve balancée, détruite. En d'autres termes, nous avons défait par cet article ce qui avait été fait par l'article précédent.

C'est ce qu'on appelle en tenue des livres *contrepasser* un article; qu'on veuille bien nous permettre cette expression, car quoique nous ne l'ayons pas trouvée dans les dictionnaires, elle est si usitée et du reste si naturelle, puisqu'on dit *passer* un article, que nous n'hésitons point à nous en servir.

La manière la plus simple de contrepasser un article, c'est d'en faire un autre qui dise exactement le contraire de celui qu'on veut annuler. Nous engageons nos lecteurs à suivre ce principe lorsqu'ils auront à annihiler un article, soit qu'il ait été mal fait, ou qu'il soit devenu faux par une circonstance quelconque.

La plupart du temps, quand on contrepasse un article, c'est pour le remplacer par un autre, et l'on a la facilité d'annuler et de rectifier l'article faux au moyen d'un seul article; mais il est préférable de faire deux articles : le premier, qui est le contraire de l'article faux, sert à le contrepasser; le second, qui n'est autre chose que l'article tel qu'il doit être, sert à le rectifier. De cette manière la comptabilité ne se trouve point embrouillée, et c'est un grand point, car la clarté dans les écritures est une des premières qualités du teneur de livres : il vaut mieux savoir faire des articles clairs que des articles savants.

13. ——————— **du 8 janvier 1844.** ———————

Je reçois de Bertet, à Valenciennes :

N° 101, *s/ b^ts à m/ ord/,*		10 *avril*...........	1000 »		
» 102,	*idem,*	10 *id.*	1000 »		
» 103,	*idem,*	15 *id.*	424 80	2424 80	

1re QUESTION. Qui est-ce qui *reçoit?*

RÉPONSE. EFFETS A RECEVOIR.

2e QUESTION. Qui est-ce qui *fournit?*

RÉPONSE. BERTET.

Nous écrirons donc au Journal :

EFFETS A RECEVOIR **A BERTET.**

Voyez le Journal, art. 13.

Il en est des effets comme des marchandises; beaucoup de maisons ne les portent pas en détail au journal, elles n'y écrivent que ces renseignements : *ses remises*, ou *mes remises*, *son bordereau* ou *mon bordereau*. Ces indications ne nous paraissent suffisantes que pour les maisons qui ont un livre de bordereaux établis comme ceux qui figurent à notre Traité pratique des Comptes Courants portant intérêts. Quant à nous, qui n'avons qu'un livre d'enregistrement des effets, nous croyons devoir porter ces remises en détail au journal, surtout lorsqu'il s'agit d'un escompte ou d'une négociation, pour éviter les recherches souvent pénibles que l'autre méthode nous mettrait fréquemment dans la nécessité de faire.

14. ——————— du 9 janvier 1844. ———————

J'achette de Varin jeune, à Paris,

20 *douz. fichus semés de bouquets, à fr.* 50 » 1000 »

Et je lui donne en paiement,

N° 101, *s/ Valenciennes,* 10 *avril*.................... 1000 »

1re QUESTION. Qui est-ce qui *reçoit?*

RÉPONSE. **MARCHANDISES GÉNÉRALES.**

2e QUESTION. Qui est-ce qui *fournit?*

RÉPONSE. **EFFETS A RECEVOIR.**

Nous écrirons donc au Journal :

MARCH^ses^ GÉN^les^ A EFFETS A RECEVOIR.

Voyez le Journal, art. 14.

Nous insisterons ici sur les dispositions et les alinéa à observer dans la rédaction des articles; on peut voir au journal combien ces dispositions contribuent à rendre l'article ci-dessus clair et facile à porter au grand livre. Nous répèterons donc qu'il faut toujours, en motivant un échange, rentrer les lignes explicatives plus que les lignes indiquant les objets échangés qui doivent figurer au grand livre; que celles-ci doivent commencer toutes à la même hauteur, et que celles-là doivent par le même motif être toutes également renfoncées. Cela produit une certaine symétrie qui n'est point à négliger, à cause de la netteté et des autres avantages qui en résultent.

15. ——————— du 11 idem. ———————

N. Durand et Cie, à Paris, ayant besoin de 1000 *fr. sur Valenciennes, je leur remets,*

N° 102, *sur Valenciennes,* 10 *avril*......... 1000 »

Et ils me donnent en échange,

N° 104, *b^et^ Servan, à Poitiers,* 15 *février*............ 1000 »

1re QUESTION. Qui est-ce qui *reçoit?*

RÉPONSE. EFFETS A RECEVOIR.

2e QUESTION. Qui est-ce qui *fournit?*

RÉPONSE. EFFETS A RECEVOIR.

Nous écrirons donc au Journal :

EFFETS A RECEVOIR **A EFFETS A RECEVOIR.**

Voyez de Journal, art. 15.

C'est un échange d'effets à recevoir ; nous avons à constater la sortie de celui que nous remettons à N. Durand et Cie, et l'entrée de celui qu'ils nous remettent ; en d'autres termes, le compte d'Effets à Recevoir reçoit à son doit l'effet qui nous vient de N. Durand et Cie, et fournit à son avoir celui que nous leur donnons en échange. Aussi avons-nous, en motivant l'article au journal, modifié la rédaction de la main courante, afin que les détails s'y trouvent placés dans le même ordre que le titre, ceux qui regardent l'effet qui va au doit en premier lieu, et ceux qui regardent l'effet qui va à l'avoir en second lieu.

Au point où nous en sommes, nos lecteurs ont déjà vu assez de tenue des livres pour qu'il soit inutile de leur dire qu'on ne peut pas se dispenser de faire cet article, par le motif que cette opération n'apporte aucun changement au compte d'Effets à Recevoir; car si cet article n'existait pas, il n'y aurait au journal aucune trace de notre échange avec N. Durand et Cie, et rien ne justifierait l'entrée de l'effet N° 104 et la sortie de l'effet N° 102 au livre d'enregistrement des effets à recevoir.

16. ——————— du 12 janvier 1844. ———————

Ayant autorisé Triot, banquier, à Poitiers, à faire traite sur moi jusqu'à concurrence de 5000 *fr., dont il me remplira en valeurs sur Paris,*

J'accepte,

N° 1, *s/ traite à s/ ord/,* 15 *février*.................... 1500

1re QUESTION. Qui est-ce qui *reçoit?*

RÉPONSE. TRIOT.

2e QUESTION. Qui est-ce qui *fournit?*

RÉPONSE. EFFETS A PAYER.

Nous écrirons donc au Journal :

TRIOT A EFFETS A PAYER.

Voyez le Journal, art. 16.

C'est Triot qui profite de cette traite, qui par l'effet de notre acceptation devient pour nous un engagement de même valeur qu'un billet que nous aurions souscrit ; c'est donc bien le cas de créditer le compte d'Effets à Payer.

Mais si Triot n'avait fait que nous donner avis de sa traite et que nous n'eussions pas eu l'occasion de l'accepter, il n'aurait pas fallu en faire écritures ; on aurait dû attendre le moment de l'acceptation pour en créditer les Effets à Payer, ou bien encore, dans le cas où elle ne nous aurait pas été présentée à l'acceptation avant l'échéance, le moment du paiement pour en créditer la Caisse.

Les banquiers de Paris donnent souvent une semblable autorisation aux banquiers de province, et ces derniers remplissent les premiers en valeurs de banque ou de recouvrement, ou bien en espèces, suivant que l'un ou l'autre de ces moyens est le plus avantageux.

17. ——— du 13 janvier 1844. ———

Triot, banquier à Poitiers, me remet :

N° 105, *b*[et] *Trotard, à Paris,* 10 *février*	552 75	
» 106, *b*[t] *Huguet, idem,* 15 *idem*	740 »	1292 75

1re QUESTION. Qui est-ce qui *reçoit*?

RÉPONSE. EFFETS A RECEVOIR.

2e QUESTION. Qui est-ce qui *fournit*?

RÉPONSE. TRIOT.

Nous écrirons donc au Journal :

EFFETS A RECEVOIR A TRIOT.

Voyez le Journal, art. 17.

18. ——— du 13 idem. ———

Je paie en espèces à Javel, menuisier, à Paris, son mémoire réglé le 2 *courant, ci*........................ 164 »

1re QUESTION. Qui est-ce qui *reçoit*?

RÉPONSE. JAVEL.

2e QUESTION. Qui est-ce qui *fournit?*

RÉPONSE. CAISSE.

Nous écrirons donc au Journal :

JAVEL A CAISSE.

Voyez le Journal, art. 18.

Nous ferons une observation sur la manière de motiver cet article, observation que nous avons déjà faite en pareille occasion. Quand Javel nous a donné son mémoire, nous avons dit pour expliquer le motif de l'article au journal : *Son mémoire d'objets de menuiserie ;* aujourd'hui que nous le payons, nous disons : *Payé en espèces.* Tout ce qu'on pourrait ajouter serait, pour le moins, surabondant.

19. ——— du 15 janvier 1844. ———

J'envoie à Ménard, à Dôle (Jura), sur sa demande,

20 *douzaines fichus semés de bouquets, à fr.* 60. . 1200 »

Et je me rembourse en tirant sur lui le mandat ci-dessous, que je mets en portefeuille,

N° 107, *m/ mand/ à m/ ord/,* 15 *avril*. . . . . 1200 »

1re QUESTION. Qui est-ce qui *reçoit?*

RÉPONSE. EFFETS A RECEVOIR, *substitué à Ménard par l'effet du remboursement immédiat.*

2e QUESTION. Qui est-ce qui *fournit?*

RÉPONSE. MARCHANDISES GÉNÉRALES.

Nous écrirons donc au Journal :

EFFETS A RECEVOIR A MARCHses GÉNles.

Voyez le Journal, art. 19.

En décomposant cet article nous détruirons toute espèce de doute qui pourrait rester encore dans l'esprit de nos lecteurs.

Supposons d'abord qu'on ait passé l'article de vente au journal avant le remboursement, il aurait fallu dire : *Ménard à Marchandises Générales*, parce que le compte de Ménard aurait reçu les fichus que le compte de Marchandises Générales fournit.

Supposons ensuite qu'après avoir passé ce premier article on ait tiré le mandat sur Ménard, et qu'on ait voulu en faire écritures, il aurait fallu dire : *Effets à Recevoir à Ménard*, parce que le compte d'Effets à Recevoir aurait reçu l'effet tiré sur Ménard.

Nous aurions eu d'une part :

MÉNARD A MARCH^es GÉN^les.

Et de l'autre part :

EFFETS A RECEVOIR A MÉNARD.

Or, comme le compte de Ménard figure dans ces deux articles, dans le premier comme débiteur, et dans le second comme créditeur, il n'y a aucun inconvénient à fondre les deux articles en un seul en supprimant le nom de Ménard, et il nous reste bien ce que nous avions trouvé d'abord :

EFFETS A RECEVOIR A MARCH^ses GÉN^les.

Il faut pour ces articles principalement une rédaction bien entendue, simple, succincte et néanmoins suffisamment explicative pour que l'opération soit facile à comprendre,

20. ——— du 16 janvier 1844. ———

Je remets à Barbier, à Paris, m/ banquier,		
N° 107, *sur Dôle,* 15 *avril*..................	1200 »	
» 103 » *Valenciennes,* 15 *idem*.........	424 80	1624 80

1re Question. Qui est-ce qui *reçoit ?*

Réponse. Barbier.

2e Question. Qui est-ce qui *fournit?*

Réponse. Effets a Recevoir.

Nous écrirons donc au Journal :

BARBIER A EFFETS A RECEVOIR.

Voyez le Journal, art. 20.

21. ——— du 17 idem. ———

J'adresse à Dentut, à Dôle, qui m'autorise à me rembourser en m/ traite, à 90 *jours, sur Jamin, banquier, à Dôle :*

N° 4, 1 *b/ soie, trame de pays, net k.* 35 85, *à fr.* 68 50..................................	2455 70	
Bonification 1/2 p. °/o *pour bon poids*........	12 25	
Reste.............	2443 45	
Escompte 13 p. °/o.........................	317 65	
Net..................		2125 80

1re QUESTION. Qui est-ce qui *reçoit?*

RÉPONSE. DENTUT.

2e QUESTION. Qui est-ce qui *fournit?*

RÉPONSE. SOIES.

Nous écrirons donc au Journal :

DENTUT A SOIES.

Voyez le Journal, art. 21.

Quant à l'autorisation de se rembourser en une traite sur Jamin, nous ne la mentionnerons au journal que quand il en sera fait usage.

22. ——— du 19 janvier 1844. ———

Suivant l'autorisation de Dentut, à Dôle, je tire la traite ci-dessous,

N° 108, *o/ Barbier, sur Jamin, à Dôle,* 20 *avril.* 2125 80

Et je remets cette traite à Barbier, à Paris, m/ banquier, ci.. 2125 80

1re QUESTION. Qui est-ce qui *reçoit?*

RÉPONSE. BARBIER.

2e QUESTION. Qui est-ce qui *fournit?*

RÉPONSE. DENTUT.

Nous écrirons donc au Journal :

BARBIER A DENTUT.

Voyez le Journal, art. 22.

Cet article remplace les deux articles qu'il aurait fallu faire si la traite n'avait pas été immédiatement remise à Barbier.

Ce dernier cas supposé, nous aurions dû, en tirant sur Jamin, écrire au Journal :

EFFETS A RECEVOIR A DENTUT.

Parce qu'alors le compte d'Effets à Recevoir aurait reçu la traite que Dentut nous avait autorisé à lancer sur Jamin pour acquit de notre facture.

Et en remettant cette traite à Barbier, nous aurions du écrire au Journal :

BARBIER A EFFETS A RECEVOIR.

Parce qu'alors Barbier aurait reçu la valeur que le compte d'Effets à Recevoir aurait fournie.

Ainsi qu'on le voit, le compte d'Effets à Recevoir aurait figuré dans ces deux derniers articles, une fois comme débiteur, et une fois comme créditeur.

Or, comme le compte d'Effets à Recevoir est notre compte, à nous, et que nous n'avons aucun motif sérieux pour y faire passer des effets qui ne font qu'entrer et sortir au même instant, rien ne s'oppose à ce que nous supprimions ce compte, d'autant mieux que nous pouvons énoncer clairement l'opération au Journal dans un seul article qui résume les deux articles que nous venons de supposer, et qui n'est autre que celui que nous avons indiqué en premier lieu.

23. ———— du 20 janvier 1844. ————

Je paie à l'emballeur une note de................. 16 »

1re QUESTION. Qui est-ce qui *reçoit?*

RÉPONSE. EMBALLAGE.

2e QUESTION. Qui est-ce qui *fournit?*

RÉPONSE. CAISSE.

Nous écrirons donc au Journal :

EMBALLAGE A CAISSE.

Voyez le Journal, art. 23.

Il y en a qui portent les frais d'emballage au compte de Frais Généraux. Nous demanderons à ceux-là si, dans le cas où ils voudraient vendre leur fonds de commerce, il leur viendrait à l'esprit, en faisant connaître à l'acheteur les frais qu'entraîne le commerce de la maison, d'y comprendre les frais d'emballage? Non; certainement, non, parce que plus il y a de frais dans une maison, moins la maison vaut.

Cependant un acheteur intelligent ne manque jamais de consulter le compte de Frais Généraux, parce que, ainsi que nous l'avons dit ailleurs, c'est ce compte qui doit lui indiquer exactement les frais de la maison.

Il ne faut donc pas charger le compte de Frais Généraux des dépenses d'emballage.

Poursuivant notre raisonnement, nous ajouterons que si les frais d'emballage n'appartiennent pas au compte de Frais Généraux, ils n'appartiennent pas non plus au compte de Profits et Pertes; parce que le vendeur n'a garde de ne pas augmenter le prix de vente des frais qu'il prend pour son compte, et qu'il peut fort bien payer un emballage considérable et néanmoins réaliser un bénéfice.

Or, comme en grossissant le prix de vente des frais d'emballage, on grossit l'avoir du compte auquel appartient la marchandise vendue, il est clair qu'il faut, au moment où l'on paie cet emballage, grossir le doit du même compte de marchandise de l'importance de ces frais, ou, si mieux on aime, on peut, ainsi que nous l'avons fait, les porter à un compte spécial appelé EMBALLAGE.

24. ——————— du 22 janvier 1844. ———————

J'entre en relations d'affaires avec Cabot, à Marseille; nous sommes convenus que je me chargerai de la vente de ses soies à la commission, et que nous aurons un compte courant produisant des intérêts réciproques à 5 p. °/₀ l'an.

Je reçois en conséquence pour être vendues pour son compte au cours, savoir :

N° 5, 1 b/ mi-perlée, Brousse, net k. 128.

N° 6, 1 b/ cordonnet et floche, Perse, net k. 133.

Ne connaissant pas le prix auquel ces soies seront vendues, il est clair que je dois attendre que la vente en soit effectuée pour en créditer Cabot.

Mais, pour satisfaire à la loi, j'inscris cet article au journal sous la forme de note.

Et je fais écritures à un compte intitulé Soies de Cabot *des frais de transport que j'ai payés en espèces, ci.* 6 90

Cet article ne donne pas lieu à nos questions habituelles, parce qu'à la réception des soies de Cabot il n'y a point d'opération *faite*, mais une opération *à faire*.

Nous nous garderons bien de débiter un de nos comptes et de créditer Cabot de la valeur de ces soies, car nous ne lui devrons rien tant qu'elles ne seront pas vendues; et d'ailleurs quel prix assigner à ces soies qui seront vendues un jour au cours de la place?

Beaucoup de maisons se contentent de porter les marchandises en commission sur un livre d'entrée au moment où elles arrivent, et n'en passent écritures au journal que lorsqu'elles les vendent.

Cette méthode ne nous semble pas répondre exactement à l'intention du législateur, qui veut que le commerçant porte au journal *tout ce qu'il reçoit, à quelque titre que ce soit.*

Aussi faisons-nous figurer cet article au journal, non pas sous la forme d'article de partie double, puisqu'il ne peut pas la revêtir, mais sous la forme de note, la seule qui lui convienne.

Voyez le Journal, art. 24.

Reste encore à faire écritures de 6 fr. 90 c. pour le port des soies. Ici nous posons nos questions accoutumées.

1re QUESTION. Qui est-ce qui *reçoit?*

RÉPONSE. **SOIES DE CABOT.**

2e QUESTION. Qui est-ce qui *fournit ?*

RÉPONSE. **CAISSE.**

Nous écrirons donc au Journal :

SOIES DE CABOT

A CAISSE.

Voyez le Journal, art. 25.

En effet, comme l'avoir du compte de Soies de Cabot sera composé du produit de la vente des soies, il est juste que par contre le doit se compose de la dépense, qui naturellement diminue le produit.

25. ——————— du 23 janvier 1844. ———————

Cabot, à Marseille, m'ayant chargé de payer 2000 *fr. pour son compte à Robert, à Paris, je donne à ce dernier*

Un bon sur la caisse de Barbier, mon banquier.......... 2000 »

1re QUESTION. Qui est-ce qui *reçoit?*

RÉPONSE. **CABOT.**

3e QUESTION. Qui est-ce qui *fournit?*

RÉPONSE. **BARBIER.**

Nous écrirons donc au Journal :

CABOT

A BARBIER.

Voyez le Journal, art. 26.

Cabot me doit ces 2000 fr. qu'il m'a demandé de payer à Robert pour son compte, et moi, je les dois à Barbier, qui les a payés pour mon compte audit Robert. C'est donc en réalité Cabot qui reçoit et Barbier qui fournit.

Mais qu'on n'aille pas se figurer qu'il résulte de cet article que Cabot doit quelque chose à Barbier, ainsi que quelques-uns de nos élèves nous l'ont quelquefois demandé pour des cas analogues ; c'est une manière de s'exprimer en tenue des livres qui ne suppose aucune relation entre le débiteur et le créditeur ; le titre de cet article indique tout simplement que Cabot est notre débiteur et Barbier notre créancier des 2000 fr. qui en font l'objet.

26. ——————— du 23 janvier 1844. ———————

J'envoie à Julien, de Beauvais, une balle de soie de Cabot, savoir :

N° 6, 1 b/ cordonnet et floche, Perse, k. 133, à fr. 39 5187 »

Et je tire sur Julien les traites ci-dessous, qu'il accepte et que je mets en portefeuille :

N° 109,	*m/ traite à m/ ord/,*	25 *avril*.........	1000 »		
» 110,	*idem,*	25 *id.*...........	1000 »		
» 111,	*idem,*	30 *id.*...........	2000 »		
» 112,	*idem,*	30 *id.*...........	1187 »	5187 »	

1re Question. Qui est-ce qui *reçoit?*

Réponse. Effets a Recevoir.

2e Question. Qui est-ce qui *fournit?*

Réponse. Soies de Cabot.

Nous écrirons donc au Journal :

EFFETS A RECEVOIR A SOIES DE CABOT.

Voyez le Journal, art. 27.

Si l'on ne s'était pas remboursé immédiatement, Julien serait resté débiteur des soies, et l'on aurait écrit au Journal :

JULIEN A SOIES DE CABOT.

Et au moment où nous aurions tiré sur lui, il eût fallu dire :

EFFETS A RECEVOIR A JULIEN.

Or, après avoir supprimé le nom de Julien qui se trouve tout à la fois débiteur et créancier dans ces deux articles, le rapprochement des comptes d'Effets à Recevoir et de Soies de Cabot produirait exactement l'article que nous avons fait résulter de nos questions.

27. ——————— du 25 idem. ———————

Ménard, à Dôle, étant mort, je reçois en retour

20 *douz. fichus, à fr.* 60 *la douzaine*........ 1200 »

Et Barbier, m/ banquier, me rend, sur ma demande,

M/ mandat sur Ménard, à Dôle, 15 *avril*............. 1200 »

Nota. Je ne fais qu'un seul article du retour des marchandises et de la entrée du mandat.

1re Question. Qui est-ce qui *reçoit?*
Réponse. **Marchandises Générales.**
2e Question. Qui est-ce qui *fournit?*
Réponse. **Barbier.**

Nous écrirons donc au Journal :

MARCHses Gles A BARBIER.

Voyez le Journal, art. 28.

Le rapprochement de ces deux comptes qui peut de prime abord sembler bizarre à ceux qui n'ont pas l'habitude de la comptabilité, n'étonne aucunement celui qui a de l'expérience ; car il ne voit dans chacun de ces deux comptes qui figurent en titre que la signification qu'ils ont par eux-mêmes, ce qu'ils exprimeraient pris isolément. *Marchandises Générales* avec le mot *doit* sous-entendu veut dire que le compte de Marchandises Générales a reçu quelque chose ; *à Barbier* veut dire que le compte de Barbier a fourni quelque chose.

Effectivement le compte de Marchandises Générales *reçoit* les 20 douzaines de fichus qu'on nous a renvoyées, et le compte de Barbier *fournit* l'effet que nous avions mis en circulation, effet qui représentait la valeur des 20 douzaines de fichus. C'est là toute la signification du titre ; toute autre interprétation serait fausse.

Ajoutons, pour détruire un doute qui se présente presque toujours à l'esprit de l'élève, que le compte d'Effets à Recevoir ne peut pas être débité de cet effet qui n'a plus de valeur, avec d'autant plus de raison qu'on l'a déjà fait figurer une fois au doit et une fois à l'avoir ; au doit quand on l'a créé, à l'avoir quand on en a disposé.

Au surplus cet exemple vient corroborer ce que nous avons dit au sujet de l'avant-dernier article.

28. ——————— du 25 janvier 1844. ———————

Je paie en espèces le port du retour ci-dessus........ 4 50

1re Question. Qui est-ce qui *reçoit?*
Réponse. **Marchandises Générales.**
2e Question. Qui est-ce qui *fournit?*
Réponse. **Caisse.**

Nous écrirons donc au Journal :

MARCH^{ses} GÉN^{les} **A CAISSE.**

Voyez le Journal, art. 29.

Nous avons déjà eu l'occasion de nous expliquer sur les frais de retour dans le premier volume de cet ouvrage, et de démontrer qu'ils doivent grossir le doit du compte à l'avoir duquel on porte le produit de la vente, parce que les frais de toute sorte qu'occasionne une marchandise en augmentent le prix de revient.

29. ——— du 29 janvier 1844. ———

Je vends à Barbey, à Paris, en règlement à 120 *jours, une balle de soie de Cabot, savoir :*

N° 5, 1 *b/ soie mi-perlée, Brousse, k.* 128, *à fr.* 46 »..... 5888 »

1re Question. Qui est-ce qui *reçoit*

Réponse. Barbey.

2e Question. Qui est-ce qui *fournit*?

Réponse. Soies de Cabot.

Nous écrirons donc au Journal :

BARBEY **A SOIES DE CABOT.**

Voyez le Journal. art. 30.

Vendre en règlement à 120 jours veut dire que l'acheteur paiera en son billet ou en valeurs de portefeuille qui ne pourront pas avoir plus de 120 jours à courir.

30. ——— **du 30 idem.** ———

Je prélève comme suit m/ commission sur 11075 *fr., produit de la vente des soies de Cabot, à Marseille, et j'en porte le montant à un compte intitulé* Commissions :

Commission 2 *p.* % *sur* 11075 *fr*.........	221 50	
Ducroire 1 *p.* %..........................	110 75	332 25

1re Question. Qui est-ce qui *reçoit*?

Réponse. Soies de Cabot.

2e Question. Qui est-ce qui *fournit*?

Réponse. Commissions.

Nous écrirons donc au Journal :

SOIES DE CABOT **A COMMISSIONS.**

Voyez le Journal, art. 31.

Les frais qu'entraîne la vente des Soies de Cabot vont naturellement grossir le doit de ce compte, et la commission est un profit qui va à l'avoir de Profits et Pertes, ou d'un compte particulier qu'on appelle COMMISSIONS.

Il en est de même du ducroire.

On entend ici par ducroire la commision que le vendeur donne au commissionnaire pour que celui-ci lui garantisse le paiement de sa vente; on entend aussi par ducroire la garantie même que le commissionnaire donne au vendeur.

31. ——————— du 30 janvier 1844. ———————

J'envoie à Cabot, à Marseille, m/ compte de vente ainsi établi :

1 *b/ cordonnet et floche, Perse, k.* 133, *à fr.* 39.		5187 »
1 *b/ mi-perlée, Brousse, k.* 128, *à fr.* 46.		5888 »
Total		11075 »
Port	6 90	
Commission et ducroire 3 p. °/₀	332 25	339 15
Net		10735 85

A l'avoir de Cabot, valeur 15 *mai, ci* 10735 85

1re QUESTION. Qui est-ce qui *reçoit?*

RÉPONSE. SOIES DE CABOT.

2e QUESTION. Qui est-ce qui *fournit?*

RÉPONSE. CABOT.

Nous écrirons donc au Journal :

SOIES DE CABOT A CABOT.

Voyez le Journal, art. 32.

Quand on veut solder un compte, on additionne à part le doit et l'avoir de ce compte, et l'on compare l'addition du doit et l'addition de l'avoir ; le résultat de cette comparaison est de faire connaître ce qu'il y a de plus au doit ou à l'avoir du compte, et par conséquent ce qu'il faut ajouter au côté le plus faible pour rendre les additions égales.

En consultant au Grand Livre le compte de Soies de Cabot, nous trouvons à l'avoir .... 11075 »

Et au doit 339 15

Différence 10735 85

Il faut donc ajouter 10735 fr. 85 c. au doit pour qu'il y ait balance.

Voilà pourquoi nous débitons le compte de Soies de Cabot, et comme le solde appartient à Cabot, c'est lui que nous en créditons. Ce solde représente bien le produit net de ses soies.

Quant au compte de vente que nous avons cru devoir établir à la Main Courante, afin de le présenter à nos lecteurs, nous nous abstenons de le faire figurer au Journal, puisque les détails qu'il renferme ne sont que la répétition des articles auxquels cette opération a déjà donné lieu.

32. ——————— du 30 janvier 1844. ———————

Ayant acheté de Paul Bérard et Cie, à Paris, 20 pièces de peluche de soie pour chapeaux pour compte de John Wood, à Londres, j'ai reçu en espèces des premiers

Une somme de 88 fr. pour m/ common à 1 %, ci...... 88 »

1re Question. Qui est-ce qui *reçoit ?*

Réponse. **Caisse.**

2e Question. Qui est-ce qui *fournit ?*

Réponse. **Commissions.**

Nous écrirons donc au Journal :

CAISSE A COMMISSIONS.

Voyez le Journal, art. 33.

Rien de plus simple que la solution de cette question : on nous pa[illegible] une commission pour notre entremise dans une affaire, l'argent que nous recevons augmente la recette ou le doit de notre Caisse, et cette recette provenant d'une commission grossit l'avoir du compte de Commissions.

33. ——————— du 31 idem. ———————

Je porte en dépense les frais du mois, savoir :

Appointements de m/ commis...............	150 »	
Ports de lettres............................	8 40	
Menus frais............................	2 80	161 2[illegible]

1re Question. Qui est-ce qui *reçoit ?*

Réponse. **Frais Généraux.**

2e Question. Qui est-ce qui *fournit ?*

Réponse. **Caisse.**

Nous écrirons donc au Journal :

FRAIS GENERAUX **A CAISSE.**

Voyez le Journal, art. 34.

Les articles du mois de Janvier que nous venons de passer au Journal ont dû être portés au Grand Livre à fur et mesure de leur passation au Journal. Nous ne reviendrons pas ici sur la manière de porter les articles du Journal au Grand Livre ; cette opération, que nous avons suffisamment expliquée dans le premier volume de cet ouvrage, ne présente du reste aucune difficulté.

Il nous reste à nous assurer en faisant une Balance de vérification que les écritures du mois de janvier ont été exactement portées du Journal au Grand Livre. On doit employer pour établir cette balance les moyens que nous avons indiqués précédemment.

Voici, d'autre part, cette balance telle qu'on doit la trouver.

BALANCE AU 31 JANVIER 1844.

FOLIOS DU GRAND LIVRE.	COMPTES OUVERTS au GRAND LIVRE.	ADDITIONS. DOIT.		ADDITIONS. AVOIR.		SOLDES. DOIT.		SOLDES. AVOIR.	
1	Capital.	»	»	8108	15	»	»	8108	15
»	Loyer payé par Avance. .	900	»	»	»	900	»	»	»
»	Mobilier	384	»	»	»	384	»	»	»
2	Caisse.	12138	»	10762	85	1375	15	»	»
3	Marchandises Générales.	2204	50	1200	»	1004	50	»	»
4	Soies	8108	15	4550	60	3557	55	»	»
5	Effets à Payer.	»	»	1500	»	»	»	1500	»
»	Effets à Recevoir	11104	55	3624	80	7479	75	»	»
6	Commissions.	»	»	420	25	»	»	420	25
»	Emballage.	16	»	»	»	16	»	»	»
7	Frais Généraux.	251	45	»	»	251	45	»	»
8	Dépenses Domestiques. .	250	»	»	»	250	»	»	»
9	Compte de Divers.	164	»	264	»	»	»	100	»
10	Barbier, à Paris.	12750	60	3200	»	9550	60	»	»
»	Gabarrot, à Paris.	»	»	12000	»	»	»	12000	»
»	Cabot, à Marseille.	2000	»	10735	85	»	»	8735	85
11	Triot, à Poitiers.	1500	»	1292	75	207	25	»	»
»	Barbey, à Paris.	5888	»	»	»	5888	»	»	»
		57659	25	57659	25	30864	25	30864	25

Rédaction raisonnée des Articles du Journal du Mois de Février.

34. ——————— du 1er février 1844. ———————

Acheté ce qui suit payable comptant, c'est-à-dire à présentation de la facture :

De Garnot, à Paris,

5 *douz. voiles* 7/8 *blancs brochés, feuilles de vigne, à fr.* 39 *la douzaine* .... 195 »

4 *douz. voiles* 7/8 *blancs brochés, bordures diverses, à fr.* 33 *la douzaine*........... 142 » } 337 »

De Naulay, à Paris,

6 *douz. pièces de rubans couleur sur couleur, à fr.* 36.................................... 216 » 553 »

1re Question. Qui est-ce qui *reçoit?*

Réponse. Marchandises générales.

2e Question. Qui est-ce qui *fournit?*

Réponse. Garnot et Naulay.

Nous écrirons donc au Journal :

MARCHses GÉNles A DIVERS,

A GARNOT..............

A NAULAY..............

Voyez le Journal, art. 35.

Dans les maisons où les écritures ne se font pas à mesure qu'elles se présentent, on réunit ainsi tous les achats, toutes les ventes, toutes les recettes, toutes les dépenses, toutes les remises de même nature, afin de faire en quelques articles les nombreux articles qu'il faudrait passer si l'on inscrivait une à une au Journal les opérations de la journée; cela s'appelle faire des articles d'UN TEL A DIVERS et de DIVERS A UN TEL. En réunissant en un seul article les opérations semblables, on abrége considérablement les écritures; mais il faut bien prendre garde à ne pas se laisser gagner par l'exemple de quelques brouillons qui, se plaisant à répandre la confusion dans les écritures, font encore à la fin de la journée, en dépit des progrès de la comptabilité, un seul article de DIVERS A DIVERS.

35. ——————— du 1er février 1844. ———————

Je reçois d'envoi de Denis, à Louviers,		
5 pièces drap bleu de roi de 40 m., à fr. 22....	4400 »	
Je lui adresse à valoir :		
N° 112, sur Beauvais, 30 avril..............	1187 »	
3 douzaines pièces de rubans couleur sur couleur, à fr. 44..................................	132 »	
Et je l'autorise à tirer sur moi à 90 jours pour le restant, ci, pour balance...................	3081 »	4400 »

Avant de poser les questions, nous rappellerons ici qu'en raisonnant l'article 47 de la main courante de notre première tenue des livres, nous avons démontré que les opérations réglées en partie au moment où elles se font doivent figurer au journal en deux articles, l'un pour l'achat ou pour la vente, l'autre pour l'à-compte, à moins qu'on n'emploie les articles de Divers à Divers, ainsi que nous le ferons dans cette comptabilité, à la date du 21 et du 22 mars.

Par suite de cette observation, nous poserons les questions de manière à faire résulter deux articles de nos réponses.

PREMIER ARTICLE.

1re QUESTION. Qui est-ce qui *reçoit* la marchandise ?

RÉPONSE. MARCHANDISES GÉNÉRALES.

2e QUESTION. Qui est-ce qui *fournit* la marchandise ?

RÉPONSE. DENIS.

Nous écrirons donc au Journal :

MARCHses GÉNles — A DENIS

Voyez le Journal, art. 36.

SECOND ARTICLE.

1re QUESTION. Qui est-ce qui *reçoit* l'à-compte ?

RÉPONSE. DENIS.

2e QUESTION. Qui est-ce qui *fournit* l'à-compte ?

RÉPONSE. EFFETS A RECEVOIR et MARCHANDISES GÉNÉRALES.

Nous écrirons donc au Journal :

DENIS	**A DIVERS,**
A EFFETS A RECEVOIR.........	
A MARCH^ses GÉN^les..............	

Voyez le Journal, art. 37.

36. ——— du 2 février 1844. ———

Je reçois de Muteau, à Louviers,

4 pièces de drap vert foncé de 40 m., à fr. 18...	2880 »

Prévoyant que je pourrai faire des affaires en draps de Louviers, et voulant me rendre un compte exact de mes opérations sur cette sorte de marchandise, j'ouvre un compte spécial intitulé Draps de Louviers, *auquel je porte :*

1° *Les 4 p. que je reçois de Muteau...........*	2880 »	
2° *Les 5 pièces que j'ai reçues hier de Denis et que j'ai passées au compte de March^es G^les, ci........*	4400 »	
Ensemble, à porter au compte de Draps de Louviers...		7280 »

1re Question. Qui est-ce qui *reçoit?*

Réponse. *C'est* Draps de Louviers, *qui reçoit les 4 pièces venant de Muteau, et les 5 pièces qui avaient été portées à Marchandises Générales.*

2e Question. Qui est-ce qui *fournit?*

Réponse. Muteau et Marchandises Générales.

Nous écrirons donc au Journal :

DRAPS DE LOUVIERS	**A DIVERS,**
A MUTEAU.....................	
A MARCH^ses GÉN^les..............	

Voyez le Journal, art. 38.

Pour retirer du compte de Marchandises Générales les 5 pièces de drap venant de Denis, il a bien fallu contrepasser l'article qui précède celui-ci quant à ce qui concerne ces 5 pièces de drap, c'est-à-dire créditer le compte de Marchandises Générales qui avait été débité, et débiter à sa place le compte de Draps de Louviers que nous ouvrons.

37. ——————— du 3 février 1844. ———————

J'adresse à Nicolin, à Amiens, savoir :

5 *douz. voiles 7/8 blancs brochés, feuilles de vigne, à fr.* 48 *la douzaine*	240 »	1604 »	
4 *douz. voiles 7/8 blancs brochés, bordures diverses, à fr.* 41	164 »		
20 *douz. fichus semés de bouquets, à fr.* 60	1200 »		
2 *p. drap de Louviers vert foncé de* 40 *mètres, à fr.* 22 *le mètre*	1760 »	3920 »	
2 *p. drap de Louviers bleu de roi de* 40 *m., à fr.* 27	2160 »		
			5524 »

1re QUESTION. Qui est-ce qui *reçoit ?*

RÉPONSE. NICOLIN.

2e QUESTION. Qui est-ce qui *fournit ?*

RÉPONSE. MARCHANDISES GÉNÉRALES et DRAPS DE LOUVIERS.

Nous écrirons donc au Journal :

NICOLIN A DIVERS,

A MARCH^ses^ GÉN^les^..............

A DRAPS DE LOUVIERS........

Voyez le Journal, art. 39.

38. ——————— du 3 idem. ———————

Je paie en espèces :

A Garnot, à Paris, s/ facture du 1er *courant*	337 »	
A Naulay, à Paris, s/ facture du même jour	216 »	
A Dufor, à Paris, s/ facture du 4 *janvier*	100 »	653 »

1re QUESTION. Qui est-ce qui *reçoit ?*

RÉPONSE. GARNOT, NAULAY et DUFOR.

2e QUESTION. Qui est-ce qui *fournit ?*

RÉPONSE. CAISSE.

Nous écrirons donc au Journal :

DIVERS A CAISSE,

GARNOT.....................

NAULAY.....................

DUFOR.......................

Voyez le Journal, art. 40.

39. ——————— du 4 février 1844. ———————

Je remets à Barbier, à Paris,

N° 104,	*sur*	*Poitiers,*	15	*février*............	1000 »
» 110,	»	*Beauvais,*	25	*avril*..............	1000 »
» 111,	»	*id.*	80	*id.*	2000 »
				Ensemble.......	4000 »

Et je reçois à la caisse dudit Barbier une somme de.. 4000 »

Il y a dans cet exemple deux articles bien distincts présentés à la fois pour mettre le lecteur en garde contre la tentation de supprimer ce qui est indispensable dans les écritures.

Ici, il n'est point permis d'établir une compensation entre nos remises respectives et de dire, en supprimant le nom de Barbier : Caisse à Effets à Recevoir ; car, comment ensuite dresser ou vérifier le compte de Barbier ? Ce compte ne doit-il pas présenter au doit notre remise d'effets qui ne portent intérêts que du jour de leur échéance, et à l'avoir sa remise d'espèces qui porte intérêts du jour de la remise ? Il faudrait, pour faire entrer dans un seul article de journal cet article de la main courante, passer un article de divers à divers ; mais comme cet article ne présenterait aucun avantage, et demanderait une rédaction explicative, mieux vaut faire tout simplement deux articles que d'entortiller des écritures si claires.

PREMIER ARTICLE.

1re QUESTION. Qui est-ce qui *reçoit* les effets?

RÉPONSE. **BARBIER.**

2e QUESTION. Qui est-ce qui *fournit* les effets?

RÉPONSE. **EFFETS A RECEVOIR.**

Nous écrirons donc au Journal :

BARBIER A EFFETS A RECEVOIR.

Voyez le Journal, art. 41.

SECOND ARTICLE.

1re QUESTION. Qui est-ce qui *reçoit* les espèces?
RÉPONSE. CAISSE.
2e QUESTION. Qui est-ce qui *fournit* les espèces?
RÉPONSE. BARBIER.

Nous écrirons donc au Journal :

CAISSE A BARBIER.

Voyez le Journal, art. 42.

40. ——————— du 4 février 1844. ———————

Je reçois d'envoi de Cabot, à Marseille, pour être vendues pour son compte, 2 *balles de soie, savoir :*
N° 7, 1 *b/ grége blanche,* 1er *blanc, net k.* 64.
» 8, 1 *b/ déchet, net k.* 105 500 *gr.*
Je paie en espèces pour le port 5 20

Comme celui du 22 janvier, cet article de la main courante donnera lieu à deux articles de journal.

Le premier constatant la réception des soies y figurera sous la forme de note.

Voyez le Journal, art. 43.

Et le second constatant le paiement du port y figurera sous la forme de partie double.

Voyez le Journal, art. 44:

41. ——————— du 5 idem. ———————

Cabot, à Marseille, m'ayant demandé 2000 *fr. sur Marseille, je prends chez Barbier, à Paris, m/ banquier, et l'adresse audit Cabot :*
N° 113, *traite de Barbier sur Firmin, à Marseille à m/ ordre,* 29 *février*.................................. 2000
De plus, j'accepte :
N° 2, *traite de Cabot sur moi,* 16 *mars.* 3000 » } 6000 »
» 3, *idem* 31 *id.* . 3000 » }
Ensemble, que j'adresse audit Cabot.................. 8000 »

1re QUESTION. Qui est-ce qui *reçoit?*

RÉPONSE. CABOT.

2e QUESTION. Qui est-ce qui *fournit?*

RÉPONSE. BARBIER et EFFETS A PAYER.

Nous écrirons donc au Journal :

CABOT A DIVERS,

A BARBIER....................

A EFFETS A PAYER............

Voyez le Journal, art. 45.

C'est bien Cabot qui doit et les 2000 fr. que nous prenons pour lui chez Barbier, et les 6000 fr. de traites que nous acceptons. D'un autre côté, c'est bien Barbier qu'il faut créditer de la première somme, et Effets à Payer de la seconde.

Il y en a qui en pareil cas passent deux articles, afin de faire figurer tous les effets au compte d'Effets à Recevoir. Ceux-là auraient écrit, d'une part :

EFFETS A RECEVOIR A BARBIER.

Et de l'autre part :

CABOT. A DIVERS,

A EFFETS A RECEVOIR.......

A EFFETS A PAYER..........

Nous comprenons qu'on fasse ainsi dans les maisons où ces sortes d'articles se présentent rarement; mais où en seraient les maisons de banque, si elles passaient par Effets à Recevoir tous les mandats et toutes les traites qu'elles tirent sur leurs correspondants? Si vous allez dans une maison de banque de Paris prendre une traite de 1000 fr. sur Lyon, et que vous la payiez en espèces 1005 fr., ne croyez pas que le comptable s'amuse à dire au journal, d'une part :

EFFETS A RECEVOIR A TEL, A LYON,

.... 1000 »

Et de l'autre part :

CAISSE A DIVERS,

A EFFETS A RECEVOIR................	1000 »	1005 »
A PROFITS ET PERTES................	5	

7

Il dira simplement :

CAISSE		A DIVERS,
A TEL, A LYON.	1000 »	1005 »
A PROFITS ET PERTES.	5 »	

42. ———— du 6 février 1844. ————

Je prends contre espèces chez Opportune, banquier, à Paris,

N° 114, s/ mandat à m/ ord; sur Brenot et Cie, à Louviers, 5 mai.	2880 »	
Opportune me fait une bonification de 1/2 p. °/₀, *ci*.	14 40	
Et je lui compte en espèces	2865 60	
Somme égale.	2880 »	
Et j'adresse le mandat à Muteau, à Louviers, ci.		2880 »

1re Question. Qui est-ce qui *reçoit?*

Réponse. Muteau.

2e Question. Qui est-ce qui *fournit?*

Réponse. Caisse et Profits et Pertes.

Nous écrirons donc au Journal :

MUTEAU A DIVERS,
A CAISSE. . . . .
A PROFITS ET PERTES. . . . . . .

Voyez le Journal, art. 46.

Cet article a quelque analogie avec le précédent. En effet, on aurait pu faire deux articles, et écrire :

Pour le premier :

EFFETS A RECEVOIR A DIVERS,
A CAISSE. . . . .
A PROFITS ET PERTES. . . . . . .

Et pour le second :

MUTEAU A EFFETS A RECEVOIR,

Mais ces deux articles n'auraient rien dit de plus que celui que nous avons passé d'abord; c'est donc cette première formule qui doit avoir la préférence, parce qu'elle abrége les écritures.

43. ——————— du 8 février 1844. ———————

J'achette de Nivetan et Cie, à Paris,
No 9, 1 bl grége d'Espagne, k. 56 500, *à fr.* 35 50. 2005 75

Je le paie comme suit :

1 *p. drap de Louviers bleu de roi de* 40 *m., à fr.* 27.. 1080 »

Espèces.. 898 »

Bonification 3 *p. %* *sur fr.* 925 75 *payés comptant*.. 27 75 2005 7

1re Question. Qui est-ce qui *reçoit?*

Réponse. Soies.

2e Question. Qui est-ce qui *fournit?*

Réponse. **Draps de Louviers, Caisse** et **Profits et Pertes.**

Nous écrirons donc au Journal :

SOIES **A DIVERS,**
A DRAPS DE LOUVIERS.........
A CAISSE.........................
A PROFITS ET PERTES.......

Voyez le Journal, art. 47.

Il faut, pour bien rédiger ces sortes d'articles au journal, ne jamais s'écarter d'une des principales règles que nous avons posées; nous voulons parler de celle qui dit de motiver les débits et les crédits à mesure que les comptes sont *nommés*. Ici nous avons parlé en premier lieu de la balle de soie dans les détails, parce que c'est le compte de Soies qui est nommé le premier. Il en eût été de même s'il s'était agi d'une vente et que le titre de l'article eût été : Soies à Divers, parce que le compte de Soies aurait encore été nommé le premier. Le mot *Divers* signifie *plusieurs* dans les articles de journal, et ne doit point être considéré comme un nom de compt.

44. ——————— du 10 février 1844. ———————

Je vends au comptant à Fournier, à Paris, savoir:
Pour m/ compte,

N° 1, 1 *b/ grége, Brousse, k.* 94 90, *à fr.* 37 75.	3582 45	
Escompte 13 *p.* °/₀................................	465 65	
Reste.........	3116 80	
Bonification pour bon poids.................	20 80	
Net..........	3096 »	
Pour compte de Cabot, à Marseille,		
N° 8, 1 *b/ déchet, k.* 105 500, *à fr.* 3 40.......	358 70	
Ensemble, que je reçois en espèces..........		3454 70

1re Question. Qui est-ce qui *reçoit?*

Réponse. Caisse.

2e Question. Qui est-ce qui *fournit?*

Réponse. Soies et Soies de Cabot.

Nous écrirons donc au Journal :

CAISSE A DIVERS,
A SOIES.....................
A SOIES DE CABOT............

Voyez le Journal, art. 48.

45. ——————— du 10 idem. ———————

Je prélève en espèces pour les besoins de mon ménage....................................	300 »	
Je paie 2/12 de ma patente................	50 »	350 »

1re Question. Qui est-ce qui *reçoit?*

Réponse. Dépenses Domestiques et Frais Généraux.

2e Question. Qui est-ce qui *fournit?*

Réponse. Caisse.

Nous écrirons donc au Journal :

DIVERS A CAISSE,
DÉPENSES DOMESTIQUES.....
FRAIS GÉNÉRAUX...........

Voyez le Journal, art. 49

Rappelons encore une fois que les comptes de Profits et Pertes, de Frais et de Dépenses, et en un mot tous les comptes qui dérivent de Capital sont débités des pertes, des frais ou des dépenses, et sont au contraire crédités des profits ainsi que des frais et des dépenses recouvrés ; la raison en est bien simple pour ceux qui n'ont pas oublié que le débit de tous ces comptes exprime un passif et le crédit un actif.

46. ——————— du 11 février 1844. ———————

Ayant autorisé Nicolin, à Amiens, à vendre pour m/ compte les 20 *douzaines fichus compris dans m/ facture du* 3 *courant, et à me renvoyer* 2 *pièces de drap qui ne lui conviennent pas,*

Je reçois, en retour,

2 p. drap de Louviers vert foncé de 40 m., à fr. 27.	2160 »	
Je paie en espèces		
Le port.	3 75	2163 75

1re Question. Qui est-ce qui *reçoit?*

Réponse. **Draps de Louviers.**

2e Question. Qui est-ce qui *fournit?*

Réponse. **Nicolin** et **Caisse.**

Nous écrirons donc au Journal :

DRAPS DE LOUVIERS A DIVERS,

A NICOLIN....................

A CAISSE.....................

Voyez le Journal, art. 50.

On doit, en effet, débiter le compte de Draps de Louviers du prix des deux pièces qui rentrent, afin de contrepasser la vente, et des frais de transport, qui augmentent le prix de revient ; et il faut, d'un autre côté, créditer Nicolin du prix du drap qu'il rend, et la Caisse de l'argent qu'on débourse pour payer le port.

Quant aux 20 douzaines de fichus, nous ne ferons aucun article qui y ait rapport, tant que la vente n'en aura pas été effectuée pour notre compte.

47. ——— du 12 février 1844. ———

Sur la demande de Denis, à Louviers, je le règle au 15 mars au lieu du 1er mai.

En conséquence je lui retiens

2 p. °/₀ *sur* 3081 *fr., solde de son compte, ci...*	61 60	
Et je lui adresse,		
N° 1, m/ billet à son ordre, 15 mars.........	3019 40	3081 »

1re QUESTION. Qui est-ce qui *reçoit?*

RÉPONSE. DENIS.

2e QUESTION. Qui est-ce qui *fournit?*

RÉPONSE. EFFETS A PAYER et PROFITS ET PERTES.

Nous écrirons donc au Journal :

DENIS A DIVERS,

A EFFETS A PAYER..........

A PROFITS ET PERTES........

Voyez le Journal, art. 51.

Les 61 fr. 60 c. sont bien un profit résultant d'un paiement par anticipation.

48. ——— du 13 idem. ———

L'effet N° 105, sur Paris, 10 courant, que j'avais reçu de Triot, à Poitiers, n'ayant pas été payé, je l'ai fait protester, et je le renvoie à Triot, en établissant mon compte comme suit :

N° 105, retour sur Paris, échu..............	552 75	
Protêt et enregistrement payés en espèces.......	7 45	
M/ ports de lettres........................	» 80	
Total.................		561 »

1re QUESTION. Qui est-ce qui *reçoit?*

RÉPONSE. TRIOT.

2e QUESTION. Qui est-ce qui *fournit?*

RÉPONSE. EFFETS A RECEVOIR, CAISSE et PROFITS ET PERTES.

Nous écrirons donc au Journal :

TRIOT A DIVERS,
A EFFETS A RECEVOIR.......
A CAISSE.....................
A PROFITS ET PERTES.......

Voyez le Journal, art. 52.

Triot, qui avait été crédité de cet effet lorsqu'il l'a remis, doit en être débité, par contre, maintenant que nous avons acquis la certitude que cet effet n'a point de valeur; il doit aussi être débité des frais de toute nature qu'occasionne l'effet. D'un autre côté, il faut créditer les Effets à Recevoir du montant de l'effet rendu, la Caisse de l'argent déboursé pour les frais, et Profits et Pertes des ports de lettres que nous faisons figurer dans les frais, afin de nous réserver une petite commission.

49. ——— du 14 février 1844. ———

Nicolin, à Amiens, me donne avis qu'il a vendu pour m/ compte les fichus qui font partie de ma facture du 3 courant.

Ces fichus qui figuraient dans m/ facture pour	1200 »	
Ont été cédés par Nicolin comme suit :		
20 *douzaines, à fr.* 45......................	900 »	
Différence dont je dois compte à Nicolin...........		300 »

1re Question. Qui est-ce qui *reçoit?*

Réponse. Marchandises Générales.

2e Question. Qui est-ce qui *fournit?*

Réponse. Nicolin.

Nous écrirons donc au Journal :

MARCHses GÉNles A NICOLIN.

Voyez le Journal, art. 53.

Le compte de Marchandises Générales avait été crédité de 1200 fr. pour prix de vente de 20 douzaines de fichus qui n'ont produit que 900 fr., ce qui fait que le crédit se trouvait trop fort de 300 fr. ; il faut donc débiter Marchandises Générales par compensation; de même, nous diminuons de 300 fr. la dette de Nicolin en portant 300 fr. à son avoir.

50. ——————— du 15 février 1844. ———————

J'encaisse,

N° 106, sur Paris, échu ce jour..................... 740 »

1re Question. Qui est-ce qui *reçoit?*

Réponse. Caisse.

2e Question. Qui est-ce qui *fournit?*

Réponse. Effets a Recevoir.

Nous écrirons donc au Journal :

CAISSE A EFFETS A RECEVOIR.

Voyez le Journal, art. 54.

51. ——————— du 15 idem. ———————

Je paie,

N° 1, traite de Triot, échue ce jour.................. 1500 »

1re Question. Qui est-ce qui *reçoit?*

Réponse. Effets a Payer.

2e Question. Qui est-ce qui *fournit?*

Réponse. Caisse.

Nous écrirons donc au Journal :

EFFETS A PAYER A CAISSE.

Voyez le Journal, art. 55.

52. ——————— du 16 idem. ———————

Je reçois franco de Gerbis neveu, à Montauban, pour être vendues pour son compte en commission :

N° 10, 1 *b/ grége de pays, poids net, k.* 90.
» 11, 1 *b/* *id.* *id.* 94.

Cet article doit être porté au Journal sous la forme de note ; c'est un troisième exemple de marchandises reçues pour être vendues en commission.

Voyez le Journal, art. 56.

53. ——— du 16 février 1844. ———

Je vends à Martin, à Paris,

2 *p. drap de Louviers vert foncé de* 40 *m., à fr.* 25 .... 2000 »

Martin me paie comme suit :

N° 115, *s/ b*[et] *à m/ ordre,* 15 *juin*........... 1000 »

En espèces.............................. 980 »

Bonification 2 *p.* % *sur* 1000 *fr. en espèces*.... 20 » 2000 »

1re QUESTION. Qui est-ce qui *reçoit?*

RÉPONSE. **EFFETS A RECEVOIR, CAISSE** et **PROFITS ET PERTES.**

2e QUESTION. Qui est-ce qui *fournit?*

RÉPONSE. **DRAPS DE LOUVIERS.**

Nous écrirons donc au Journal :

DIVERS A DRAPS DE LOUVIERS,

EFFETS A RECEVOIR.........

CAISSE.......................

PROFITS ET PERTES..........

Voyez le Journal, art. 57.

54. ——— du 17 idem. ———

J'achette de Forest, à Paris, payables fin février,

30 *sacs de farine de Beauce, à fr.* 50 *le sac*..... 1500 »

Et je laisse ces 30 *sacs de farine chez Ozou frères, à Paris, chargés de les vendre pour mon compte en commission, ci*.. 1500 »

1re QUESTION. Qui est-ce qui *reçoit?*

RÉPONSE. **FARINE CHEZ OZOU FRÈRES.**

2e QUESTION. Qui est-ce qui *fournit?*

RÉPONSE. **FOREST.**

Nous écrirons donc au Journal :

FARINE CHEZ OZOU FRÈRES A FOREST.

Voyez le Journal, art. 58.

Si nous n'avions pas laissé ces 30 sacs de Farine chez Ozou frères et que nous ne les eussions pas chargés de les vendre pour notre compte, il aurait fallu débiter le compte de Marchandises Générales du prix d'achat; comme nous les avons laissés en commission chez Ozou frères, cela fait l'objet d'un compte spécial que nous appelons *Farine chez Ozou frères*, et que nous débitons en place de Marchandises Générales. Il y en a qui en pareil cas débitent du prix d'achat le commissionnaire auquel ils donnent des marchandises à vendre ; c'est ne pas comprendre ce que signifient les comptes : le commissionnaire de vente ne doit rien à celui qui lui confie ses marchandises tant qu'il n'en a pas effectué la vente.

Ce raisonnement vient à l'appui de ce que nous avons dit au sujet des Soies de Cabot, en analysant l'article du 22 janvier.

59. ——— du 19 février 1844. ———

Savaret, à Paris, me demande 1200 *fr. à vue sur Marseille.*

Je lui remets,

N° 116, *m/ mandat à son ordre sur Cabot, à Marseille, à vue*.................................... 1200 »

Il me paie en espèces :

1° *Le montant du mandat*.................. 1200 »

2° *M/ commission* 1 *p.* %.................. 12 » 1212 »

1re QUESTION. Qui est-ce qui *reçoit ?*

RÉPONSE. CAISSE.

2e QUESTION. Qui est-ce qui *fournit ?*

RÉPONSE. CABOT et PROFITS ET PERTES.

Nous écrirons donc au Journal

CAISSE A DIVERS,

A CABOT.....................

A PROFITS ET PERTES........

Voyez le Journal, art. 59.

Cet article est un abrégé de deux autres articles dans lesquels le compte d'Effets à Recevoir aurait figuré deux fois, dans le premier comme débiteur de 1200 fr., et dans le second comme créditeur de la même somme.

Voici ces deux articles tels qu'on aurait pu les faire.

PREMIER ARTICLE.

EFFETS A RECEVOIR A CABOT.

.... 1200 »

SECOND ARTICLE.

CAISSE	A DIVERS,	
A EFFETS A RECEVOIR	1200 »	1212 »
A PROFITS ET PERTES..................	12 »	

Mais nous avons déjà expliqué plusieurs fois qu'il est inutile de passer deux articles au lieu d'un lorsque cela n'ajoute rien à la clarté des écritures, et si nous décomposons en deux articles l'article 59 que nous avons adopté, ce n'est que pour le rendre plus facile à comprendre.

56. ——————— du 20 février 1844. ———————

J'escompte à Roquet, à Paris:

N° 117, s/ traite s/ Hope, à Montauban,	*20 mars.*		500 »	
» *118, b^et Laysin, à Louviers,*	*31 idem.*		450 »	
» *119, b^et Ronsin, à Amiens,*	*15 avril.*		600 »	
Ensemble.....			1550 »	
Je paie Roquet de la manière suivante :				
Espèces			1525 40	
Intérêts à 5 % l'an..................		9 10		
Commission 1/2 p. %		7 75	24 60	
Change de place 1/2 p. %...........		7 75		1550 »

1re QUESTION. Qui est-ce qui *reçoit?*

RÉPONSE. EFFETS A RECEVOIR.

2e QUESTION. Qui est-ce qui *fournit?*

RÉPONSE. CAISSE et PROFITS ET PERTES.

Nous écrirons donc au Journal :

EFFETS A RECEVOIR A DIVERS,
A CAISSE........................
A PROFITS ET PERTES.......

Voyez le Journal, art. 60.

Effectivement le compte d'Effets à Recevoir reçoit des effets pour 1550 fr.; d'un autre côté, la Caisse fournit une partie de cette somme, et Profits et Pertes le reste.

Le lecteur comprendra d'autant plus facilement cet article qu'il sait que l'escompte dont il s'agit est un profit, et qu'on lui a déjà expliqué plusieurs fois que le compte de Profits et Pertes est invariablement crédité des profits et débité des pertes.

57. ——————— du 20 février 1844. ———————

Je vends à Protet, à Paris, par courtier :

N° 10, 1 b/ grége de pays de Gerbis neveu, à Montauban,		
Poids net k. 90, à fr. 35.................	3150 »	
Bonification pour bon poids 1 p. %............	31 50	
Net, que je reçois en espèces..............	3118 50	
Je paie au courtier 1 p. %, ci................	31 50	
Reste net.............		3087 »

1re Question. Qui est-ce qui *reçoit?*

Réponse. Caisse.

2e Question. Qui est-ce qui *fournit?*

Réponse. Soies de Gerbis neveu.

Nous écrirons donc au Journal :

CAISSE A SOIES DE GERBIS NEVEU.

Voyez le Journal, art. 61.

58. ——————— du 21 idem. ———————

Je prends à Barrière, à Paris, au pair,

N° 120, b^et^ Pardon, à Montauban, 31 mars...	1400 »	
Je lui remets :		
N° 115, sur Paris, 15 juin....................	1000	
En espèces pour appoint.....................	400	1400 »

1re Question. Qui est-ce qui *reçoit?*

Réponse. Effets a Recevoir.

2e Question. Qui est-ce qui *fournit?*

Réponse. Effets a Recevoir et Caisse.

Nous écrirons donc au Journal :

EFFETS A RECEVOIR A DIVERS,

A EFFETS A RECEVOIR........

A CAISSE....................

Voyez le Journal, art 62.

On dit qu'on prend un effet au pair quand on donne la même valeur en échange, sans qu'il y ait perte ou profit ni pour le cédant ni pour le cessionnaire.

59. ——————— du 21 février 1844. ———————

J'adresse à Gerbis neveu, à Montauban, sur sa demande :

N° 117, *sur Montauban,* 20 *mars*.. 500 »	1900 »		
» 120, *id.* 31 *idem*.. 1400 »			
En un group..............................	1100 »	3000 »	

1re Question. Qui est-ce qui *reçoit?*

Réponse. Gerbis neveu.

2e Question. Qui est-ce qui *fournit?*

Réponse. Effets a Recevoir et Caisse.

Nous écrirons donc au Journal :

GERBIS NEVEU A DIVERS,
A EFFETS A RECEVOIR.......
A CAISSE....................

Voyez le Journal, art. 63.

60. ——————— du 22 idem. ———————

Je négocie à Napoléon Baby, à Paris,

N° 109, s/ *Beauvais,* 25 *avril*..................	1000 »	
Il me paie		
En espèces..................................	987 »	
Il me retient :		
Les intérêts à 6 *p.* °/₀ *l'an*........... 10 50	13 »	1000 »
Le change de place à 1/4 *p.* °/₀........ 2 50		

1re Question. Qui est-ce qui *reçoit?*

Réponse. Caisse et Profits et Pertes.

2e Question. Qui est-ce qui *fournit?*

Réponse. Effets a Recevoir.

Nous écrirons donc au Journal :

DIVERS A EFFETS A RECEVOIR,
CAISSE........................
PROFITS ET PERTES...........

Voyez le Journal, art. 64.

Effectivement, d'un côté, le compte d'Effets à Recevoir fournit 1000 fr.; d'un autre côté, la Caisse reçoit ces 1000 fr. moins 13 fr. d'escompte ou 987 fr., et Profits et Pertes reçoit les 13 fr. de perte : il faut donc débiter Caisse et Profits et Pertes de ces deux dernières sommes, et créditer Effets à Recevoir de la première qui balance les deux autres.

Cet article de négociation d'une valeur de portefeuille est l'inverse de l'article du 20 courant où il s'agissait d'un escompte d'effets.

61. ——————— du 22 février 1844. ———————

Barbier, à Paris, me rend protestée la remise N° 104, sur Poitiers, que j'avais reçue de N. Durand et Cie, à Paris, de 1000 fr., s'élevant avec frais et c^te de retour, à	1022 70	
J'y ajoute mes ports de lettres, ci	1 30	1024 »

1re Question. Qui est-ce qui *reçoit?*

Réponse. **N. Durand et Cie.**

2e Question. Qui est-ce qui *fournit?*

Réponse. **Barbier** et **Profits et Pertes.**

Nous écrirons donc au Journal :

N. DURAND ET Cie **A DIVERS,**

A BARBIER....................

A PROFITS ET PERTES........

Voyez le Journal, art. 65.

Nous tenions de N. Durand et Cie, à qui nous en avons payé la valeur, l'effet que Barbier nous rend protesté; la maison N. Durand et Cie aura donc à nous rembourser le montant de cet effet avec les frais de toute nature qu'il a occasionnés; c'est pourquoi nous la débitons de 1024 fr.

Nous créditons Barbier des 1022 fr. 70 c. qui lui sont dus, et Profits et Pertes du bénéfice de 1 fr. 30 c. que nous nous réservons.

62. ——————— du 23 idem. ———————

N. Durand et Cie, à Paris, me remboursent comme suit:

Ils me remettent,

N° 121, leur mand/ sur Servan, à Poitiers, à vue.	1026 »	
Et ils me paient en espèces pour solde, y compris le retard et la commission..................	8 »	
Ensemble, à leur avoir..................		1034 »

1re QUESTION. Qui est-ce qui *reçoit?*

RÉPONSE. EFFETS A RECEVOIR et CAISSE.

2e QUESTION. Qui est-ce qui *fournit?*

RÉPONSE. N. DURAND ET Cie.

Nous écrirons donc au Journal :

DIVERS A N. DURAND ET Cie,
EFFETS A RECEVOIR.........
CAISSE....................

Voyez le Journal, art. 66.

63. ———— du 23 février 1844. ————

Je solde le compte de N. Durand et Cie, à Paris.

Ce compte présente à l'avoir un excédant de 10 fr., ci... 10 »

1re QUESTION. Qui est-ce qui *reçoit?*

RÉPONSE. N. DURAND ET Cie.

2e QUESTION. Qui est-ce qui *fournit?*

RÉPONSE. PROFITS ET PERTES.

Nous écrirons donc au Journal :

N. DURAND ET Cie A PROFITS ET PERTES.

Voyez le Journal, art. 67.

Ces 10 fr. sont bien un profit qui doit grossir l'avoir de Profits et Pertes en même temps qu'il augmente la dette de N. Durand et Cie.

Lorsqu'on veut solder un compte, il faut toujours en additionner à part le doit et l'avoir, afin de les comparer et de savoir de quel côté doit aller le solde pour qu'il y ait balance ; et c'est lorsqu'on sait si le compte à solder doit être débité ou crédité qu'on se demande quel est le compte qui doit être crédité ou débité par contre.

Ici, en additionnant le doit et l'avoir du compte de N. Durand et Cie, nous avons vu que l'avoir était plus fort que le doit de 10 fr., ce qui nous a prouvé qu'il fallait le débiter ; puis, en nous demandant ce que c'était que cette somme de 10 fr., nous avons reconnu que c'était un profit à nous alloué pour retard et commission, et nous en avons crédité Profits et Pertes.

64. ———— du 24 idem. ————

Je remets à Barbier, à Paris:

N° 121, sur Poitiers, à vue.............. 1028 »

En espèces.............................. 1000 » 2028 »

1re QUESTION. Qui est-ce qui *reçoit?*

RÉPONSE. BARBIER.

2e QUESTION. Qui est-ce qui *fournit?*

RÉPONSE. EFFETS A RECEVOIR et CAISSE.

Nous écrirons donc au Journal :

BARBIER A DIVERS,
A EFFETS A RECEVOIR......
A CAISSE......................

Voyez le Journal, art. 68.

65. —————— du 26 février 1844. ——————

Je donne en espèces à mj neveu Jules Leroy, à l'occasion de son mariage .... 500 »

1re QUESTION. Qui est-ce qui *reçoit?*

RÉPONSE. CAPITAL.

2e QUESTION. Qui est-ce qui *fournit?*

RÉPONSE. CAISSE.

Nous écrirons donc au Journal :

CAPITAL A CAISSE.

Voyez le Journal, art. 69.

Jules Leroy reçoit bien l'argent que la Caisse fournit, mais il ne saurait être débité d'une somme qu'il reçoit à titre de présent; c'est donc, en tenue des livres, le compte de Capital qui reçoit et qui est le véritable débiteur, parce qu'il représente le commerçant, et que, par le fait, c'est le commerçant qui retire 500 fr. de son commerce pour les donner à son neveu.

Ceux qui, en pareil cas, débitent le compte de Profits et Pertes, se trompent : on ne doit faire figurer au doit et à l'avoir de Profits et Pertes que les pertes et les profits qui resultent des opérations commerciales, afin qu'à l'inventaire la balance de ce compte présente bien le net des bénéfices ou des pertes de la maison. On ne débiterait Profits et Pertes, et mieux encore Dépenses Domestiques, dans un cas analogue, qu'autant qu'on jugerait la somme trop minime pour qu'il fût utile de la faire figurer au compte de Capital.

66. ——————— du 27 février 1844. ———————

Ayant autorisé Lombard, à Lyon, à tirer sur moi à condition qu'il m'enverrait des fonds pour acquitter ses traites, et qu'il me serait alloué une commission de 1/2 p. °/o,

J'accepte,

N° 5, s/ traite ord/ Thiviers, 15 mars .... 1500 »

1re QUESTION. Qui est-ce qui *reçoit?*

RÉPONSE. LOMBARD.

2e QUESTION. Qui est-ce qui *fournit?*

RÉPONSE. EFFETS A PAYER.

Nous écrirons donc au Journal :

LOMBARD A EFFETS A PAYER.

Voyez le Journal, art. 70.

Il y en a qui ne font pas ces sortes d'articles par la raison que, lorsqu'ils auront payé avec les fonds qu'on leur aura envoyés, il ne restera plus de trace de la traite qu'ils ont acceptée. Ce raisonnement bâti sur une hypothèse n'a aucune espèce de fondement, car, quand on souscrit un billet ou qu'on accepte une traite, on prend un engagement sérieux qu'il faudra remplir dans le cas même où celui au profit de qui l'effet a été fait n'enverrait pas les fonds nécessaires pour l'acquitter.

Or, supposons que Lombard fasse faillite, et que nous soyons obligés d'exhiber nos livres pour attester notre créance, qu'aurions-nous à montrer si cet article ne figurait pas à notre journal ?

67. ——————— du 28 idem. ———————

Payé une facture de toile pour le ménage......	120 »	
Donné à un malheureux..................	10 »	130 »

1re Qui est-ce qui *reçoit?*

RÉPONSE. DÉPENSES DOMESTIQUES.

2e QUESTION. Qui est-ce qui *fournit?*

RÉPONSE. CAISSE.

Nous écrirons donc au Journal :

DÉPENSES DOMESTIQUES A CAISSE.

Voyez le Journal, art. 71.

Les 10 fr. donnés à un malheureux ont été imputés au compte de Dépenses Domestiques comme la facture de toiles pour le ménage, et non pas à Profits et Pertes : une libéralité ne doit pas contribuer à grossir les pertes qui peuvent provenir du trafic de la maison.

68. ——————— du 29 février 1844. ———————

Je prends à la caisse pour payer ce qui suit :

A Forest, à Paris		1500 »	
2 mois à ma domestique		41 65	
Les appointements de m/ commis	150 »		
Les ports de lettres du mois	12 60	166 80	
Divers menus frais	4 30		1708 45

1re Question. Qui est-ce qui *reçoit?*

Réponse. **Forest, Dépenses Domestiques** et **Frais Généraux.**

2e Question. Qui est-ce qui *fournit?*

Réponse. **Caisse.**

Nous écrirons donc au Journal :

DIVERS **A CAISSE.**

FOREST.......................

DÉPENSES DOMESTIQUES.....

FRAIS GÉNÉRAUX ....

Voyez le Journal, art. 72.

Ici se termine le raisonnement des articles du Journal du mois de Février ; ces articles ont dû être portés au Grand Livre au fur et à mesure qu'ils ont été passés au Journal.

On a dû se conformer aux principes du premier volume de cet ouvrage pour le transport au Grand Livre des articles de Divers.

Nous allons faire la Balance de Février comme elle a été établie dans la première comptabilité, excepté qu'elle n'aura que 8 colonnes, attendu que ce n'est pas une balance d'inventaire.

Voici du reste cette balance telle qu'elle résulte de l'addition des comptes du Grand Livre.

BALANCE AU 29 FÉVRIER 1844.

BALANCE AU

FOLIOS DU GRAND LIVRE.	COMPTES OUVERTS au GRAND LIVRE.	BALANCES MENSUELLES. ADDITION du mois de janvier. Doit.		Avoir.		ADDITION du mois de février. Doit.		Avoir.	
1	Capital	»	»	8108	15	500	»		»
»	Loyer payé par Avance	900	»	»	»	»	»	»	»
»	Mobilier	384	»	»	»	»	»	»	»
2	Caisse	12138	»	10762	85	14468	70	12646	85
3	Marchandises Générales	2204	50	1200	»	5253	»	6136	»
4	Soies	8108	15	4550	60	2005	75	3096	»
»	Draps de Louviers	»	»	»	»	9443	75	7000	»
»	Farine chez Ozou frères	»	»	»	»	1500	»	»	»
5	Effets à Payer	»	»	1500	»	1500	»	10519	40
»	Effets à Recevoir	11104	55	3624	80	4976	»	11405	75
6	Commissions	»	»	420	25	»	»	»	»
»	Emballage	16	»	»	»	»	»	»	»
7	Profits et Pertes	»	»	»	»	33	»	152	45
»	Frais Généraux	251	45	»	»	216	80	»	»
8	Dépenses Domestiques	250	»	»	»	471	65	»	»
»	Soies de Cabot	»	»	»	»	5	20	358	70
9	Soies de Gerbis neveu	»	»	»	»	»	»	3087	»
»	Compte de Divers	164	»	264	»	3187	»	3087	»
10	Barbier, à Paris	12750	60	3200	»	6026	»	7022	70
»	Gabarrot, à Paris	»	»	12000	»	»	»	»	»
»	Cabot, à Marseille	2000	»	10735	85	8000	»	1200	»
11	Triot, à Poitiers	1500	»	1292	75	561	»	»	»
»	Barbey, à Paris	5888	»	»	»	»	»	»	»
12	Nicolin, à Amiens	»	»	»	»	5524	»	2460	»
13	Gerbis neveu, à Montauban	»	»	»	»	3000	»	»	»
»	Lombard, à Lyon	»	»	»	»	1500	»	»	»
		57659	25	57659	25	68171	85	68171	85

29 FEVRIER 1844.

BALANCE GÉNÉRALE.								OBSERVATIONS.
ADDITION des balances mensuelles.				SOLDES au 29 février 1844.				
Doit.		Avoir.		Doit.		Avoir.		
500	»	8108	15	»	»	7608	15	
900	»	»	»	900	»	»	»	
384	»	»	»	384	»	»	»	
26606	70	23409	70	3197	»	»	»	
7457	50	7336	»	121	50	»	»	
10113	90	7646	60	2467	30	»	»	
9443	75	7000	»	2443	75	»	»	
1500	»	»	»	1500	»	»	»	
1500	»	12019	40	»	»	10519	40	
16080	55	15030	55	1050	»	»	»	
»	»	420	25	»	»	420	25	
16	»	»	»	16	»	»	»	
33	»	152	45	»	»	119	45	
468	25	»	»	468	25	»	»	
721	65	»	»	721	65	»	»	
5	20	358	70	»	»	353	50	
»	»	3087	»	»	»	3087	»	
3351	»	3351	»	»	»	»	»	
18776	60	10222	70	8553	90	»	»	
»	»	12000	»	»	»	12000	»	
10000	»	11935	85	»	»	1935	85	
2061	»	1292	75	768	25	»	»	
5888	»	»	»	5888	»	»	»	
5524	»	2460	»	3064	»	»	»	
3000	»	»	»	3000	»	»	»	
1500	»	»	»	1500	»	»	»	
125831	10	125831	10	36043	60	36043	60	

Rédaction raisonnée des Articles du Journal du Mois de Mars.

69. ——————— du 1er mars 1844. ———————

Je vends ce qui suit à Boutard, à Paris :

Pour m/ compte,

N° 9, 1 *b/ grége d'Espagne du poids de*
k. 56 500, *dont il faut déduire*
» 375 *pour bon poids,*
k. 56 125, *poids net, à fr.* 52 ..... 2918 50
Escompte 10 p. % 291 85
Net.............. 2626 65

Pour compte de Gerbis neveu,

N° 11, 1 *b/ grége de pays, poids net k.* 94, *à fr.* 36. 3384 »
Ensemble.......... 6010 65

Boutard me paie comme suit,

N° 122, *b*et *Leblanc, à Lyon,* 20 *mars.* 1000 »
» 123, *s/ t*ie *s/ Gaillard, à Lyon,* 25 *mai*........................ 2500 » } 3500 »
En espèces............................... 2510 65 6010 65

1re Question. Qui est-ce qui *reçoit?*

Réponse. Effets a Recevoir et Caisse.

2e Question. Qui est-ce qui *fournit?*

Rrponse. Soies et Soies de Gerbis neveu.

Nous écrirons donc au Journal :

DIVERS A DIVERS,
EFFETS A RECEVOIR..........
CAISSE......................
A SOIES..............................
A SOIES DE GERBIS NEVEU ....

Voyez le Journal, art. 73.

Voilà le cas de passer au Journal un article de Divers à Divers, car il ne s'agit que d'une seule opération, d'un échange d'objets de commerce appartenant à divers comptes, fait avec une seule maison, et réglé en totalité avant la passation de l'article. Il faudrait, pour déterminer le comptable à faire deux articles d'une semblable opération, qu'on eût des relations d'affaires suivies avec Boutard, et qu'on voulût porter à son compte tout ce qu'il reçoit et tout ce qu'il fournit. Ces deux articles devraient être composés comme suit :

PREMIER ARTICLE.

BOUTARD A DIVERS,
A SOIES......................
A SOIES DE GERBIS NEVEU...

SECOND ARTICLE.

DIVERS A BOUTARD,
EFFETS A RECEVOIR..........
CAISSE.......................

Ces deux manières de passer les écritures de cet échange ne présentent pas l'opération dans le même ordre; dans les deux derniers articles la vente figure avant le paiement, tandis que dans l'article de Divers à Divers le paiement figure avant la vente; c'est parce que, comme nous l'avons déjà expliqué ailleurs, les comptes débiteurs doivent toujours être placés les premiers dans les articles de Divers à Divers.

70. ——— du 1er mars 1844. ———

Ruette, à Paris, partant pour Lyon, me prie de lui ouvrir un crédit de 10000 fr. chez un banquier de cette ville. En conséquence j'écris la lettre ci-dessous que je remets à Ruette :

« *Monsieur Ponat, à Lyon,*

» *Je vous prie de payer pour mon compte à M. Ruette de Paris, sur ses reçus, jusqu'à concurrence d'une somme de 10000 fr.* »

Je donne avis à Ponat du crédit que j'ai ouvert chez lui à Ruette; je lui envoie la signature de ce dernier, et je l'autorise à se rembourser en tirant sur moi à 8 jours de vue.

Profitant de cette occasion, j'envoie audit Ponat

fr. 2500 », *N°* 123, *t*re *de Boutard sur Gaillard, à Lyon,*

25 mai, avec prière de présenter cette traite à l'acceptation, et de me la renvoyer ensuite acceptée, ou protestée faute d'acceptation.

Enfin je lui adresse pour qu'il l'encaisse à m/ crédit, N° 122, b^{et} Leblanc à Lyon, 20 mars .... 1000 »

1re QUESTION. Qui est-ce qui *reçoit?*

RÉPONSE. PONAT.

2e QUESTION. Qui est-ce qui *fournit?*

RÉPONSE. EFFETS A RECEVOIR.

Nous écrirons donc au Journal :

PONAT A EFFETS A RECEVOIR.

Voyez le Journal, art. 74.

A moins d'un cas exceptionnel, on ne fait aucune mention au Journal d'une lettre de crédit au moment où on la donne ; on attend que le correspondant chez lequel on ouvre un crédit ait avisé de ses paiements pour l'en créditer par le débit de celui au profit de qui le crédit a été ouvert.

On ne parle pas non plus au journal des effets qu'on envoie à l'acceptation.

C'est au Livre de Copie de Lettres que ces mentions se trouvent.

71. ——————— du 2 mars 1844. ———————

Je prélève m/ commission à 3 p. °/₀ sur 6471 fr., produit net des 2 balles de soie que j'ai vendues pour compte de Gerbis neveu, à Montauban.......................... 194 15

1re QUESTION. Qui est-ce qui *reçoit?*

RÉPONSE. SOIES DE GERBIS NEVEU.

2e QUESTION. Qui est-ce qui *fournit?*

RÉPONSE. COMMISSIONS.

Nous écrirons donc au Journal :

SOIES DE GERBIS NEVEU A COMMISSIONS.

Voyez le Journal, art. 75.

Le raisonnement que nous avons donné des deux articles du 30 janvier s'applique à celui-ci et au suivant, et nous dispense de toute nouvelle observation.

72. ——————— du 2 mars 1844. ———————

Je solde le compte de Soies de Gerbis neveu :

L'avoir est de	6471 »	
Le doit de	194 15	
Différence		6276 85

1re Question. Qui est-ce qui *reçoit?*

Réponse. Soies de Gerbis neveu.

2e Question. Qui est-ce qui *fournit?*

Réponse. Gerbis neveu.

Nous écrirons donc au Journal :

SOIES DE GERBIS NEVEU A GERBIS NEVEU.

Voyez le Journal, art. 76.

73. ——————— du 2 idem. ———————

Suivant le désir de Gerbis neveu, à Montauban, je prends pour lui chez Barbier, m/ banquier, un mandat,

No 124, *sur Fernand, à Albi, à vue, de*......	3276 85	
Et je le lui adresse pour solde de compte............		3276 85

1re Question. Qui est-ce qui *reçoit?*

Réponse. Gerbis neveu.

2e Question. Qui est-ce qui *fournit?*

Réponse. Barbier.

Nous écrirons donc au Journal :

GERBIS NEVEU A BARBIER.

Voyez le Journal, art. 77.

Cet article se trouve expliqué par les observations que nous avons faites au sujet d'un article analogue de 2000 fr. à la date du 5 février.

74. ——————— du 2 idem. ———————

J'achette de Thomas Seguin, à Paris, savoir :

No 12, 1 *b/ rondelette, k.* 78, *à fr.* 25 50.	1989 »	2216 10	
10 *p. calicot, ens.* 378 *m.* 50 *c., à fr.* » 60.	227 10		

Je le paie comme suit :

No 119, *sur Amiens,* 15 *avril*.................	600 »	
Espèces................................	1591 85	
Bonification 1 1/2 *p.* °/o *sur fr.* 1616 10 *en espèces.*	24 25	2216 10

1re QUESTION. Qui est-ce qui *reçoit?*

RÉPONSE. SOIES et MARCHANDISES GÉNÉRALES.

2e QUESTION. Qui est-ce qui *fournit?*

RÉPONSE. EFFETS A RECEVOIR, CAISSE et PROFITS ET PERTES.

Nous écrirons donc au Journal :

DIVERS A DIVERS,

SOIES........................

MARCH^es^ GÉN^les^...............

A EFFETS A RECEVOIR...............

A CAISSE..............................

A PROFITS ET PERTES................

Voyez le Journal, art. 78.

75. ——— du 4 mars 1844. ———

Je vends à Sordat, à Paris :

3 *douz. p. de ruban coul. sur coul., à fr.* 42 »........................	126 »	1246 »
1 *p. drap de Louviers bleu de roi de* 40 *m., à fr.* 28........................	1120 »	

Il me paie comme suit :

N° 125, *b^et^ Rapin, à Paris,* 15 *mars*...........	500 »	
En espèces....................................	696 15	
Escompte 4 *p.* °/₀ *sur fr.* 1246 *payés comptant*....	49 85	1246 »

1re QUESTION. Qui est-ce qui *reçoit?*

RÉPONSE. EFFETS A RECEVOIR, CAISSE et PROFITS ET PERTES.

2e QUESTION. Qui est-ce qui *fournit?*

RÉPONSE. MARCHANDISES GÉNÉRALES et DRAPS DE LOUVIERS.

Nous écrirons donc au Journal :

DIVERS A DIVERS,

EFFETS A RECEVOIR..........

CAISSE........................

PROFITS ET PERTES...........

A MARCH^ses^ G^les^ ....

A DRAPS DE LOUVIERS...............

Voyez le Journal, art. 79.

Cet article est l'inverse de celui qui précède.

76. ——————— du 5 mars 1844. ———————

J'adresse à Dupré, à Melun :

1 *p. drap de Louviers bleu de roi de* 40 *m.*, *à* 28 *fr.*............................	1120 »	1920 »
1 *idem vert foncé de* 40 *m , à* 20 *fr.*...	800 »	
5 *p. calicot,* 192 *m.* 50 *pour* 192 *m., à* 75 *c.*....................................	144 »	2064 »

1re Question. Qui est-ce qui *reçoit?*

Réponse. **Dupré**

2e Question. Qui est-ce qui *fournit?*

Réponse. **Draps de Louviers** et **Marchandises Générales.**

Nous écrirons donc au Journal :

DUPRÉ **A DIVERS,**
A DRAPS DE LOUVIERS........
A MARCH^ses^ G^les^................

Voyez le Journal, art 80.

77. ——————— du 5 idem. ———————

Sordat, à Paris, me rend 6 *pièces de ruban qui avaient été tachées dans mon magasin avant la livraison,*

Et je lui en rembourse le prix en espèces............ 21 »

1re Question. Qui est-ce qui *reçoit?*

Réponse. **Marchandises Générales.**

2e Question. Qui est-ce qui *fournit?*

Réponse. **Caisse.**

Nous écrirons donc au Journal :

MARCH^ses^ G^les^ **A CAISSE,**

Voyez le Journal, art. 81.

En débitant le compte de Marchandises Générales, le prix de revient est grossi de 21 fr., et cela établit une compensation avec l'avoir qui, par le fait de ce remboursement, se trouvait trop fort de 21 fr. Comme ces 21 fr. que nous comptons à Sordat sortent de la caisse, il n'y a pas de doute que c'est le compte de Caisse qu'il faut en créditer.

78. ———————— du 6 mars 1844. ————————

Je reçois en espèces pour ma part dans la succession de m/ oncle Bernard 8400 *fr., que je verse immédiatement à la caisse de Barbier, à Paris, mon banquier, ci*.......... 8400 »

1re QUESTION. Qui est-ce qui *reçoit?*

RÉPONSE. BARBIER.

2e QUESTION. Qui est-ce qui *fournit?*

RÉPONSE. CAPITAL.

Nous écrirons donc au Journal :

BARBIER A CAPITAL.

Voyez le Journal, art. 82.

Nous avons débité Barbier qui a reçu 8400 fr., et crédité Capital de cette somme qui vient grossir notre capital commercial.

Pour motiver cet article nous n'avons dit que ceci : *Versé à sa caisse,* sans expliquer d'où proviennent ces 8400 fr. Pourquoi, en effet, dire autre chose? Ne sommes-nous pas libre d'augmenter notre capital commercial, sans spécifier dans nos livres les sources où nous avons puisé les sommes que nous versons dans notre commerce? Si nous n'expliquons pas que l'argent que nous remettons à Barbier provient d'une succession, c'est que nous ne voulons pas que le premier venu trouve cela écrit dans nos livres.

79. ———————— du 7 idem. ————————

J'expédie à Janet frères et Cie, à Amiens,

N° 3, 1 b/ grége, Perse, fine, k. 90, *à fr.* 32.... 2880 »

Escompte 3 *p.* %........................ 86 40

Net...... 2793 60

Je me rembourse en tirant sur eux,

fr. 2793 60, *N°* 126, *m/ mand/ à m/ ord/, à* 2 *jours de vue,*

Que je remets tout de suite à Barbier, à Paris....... 2793 60

1re QUESTION. Qui est-ce qui *reçoit?*

RÉPONSE. BARBIER.

2e QUESTION. Qui est-ce qui *fournit?*

RÉPONSE. SOIES.

Nous écrirons donc au Journal :

BARBIER A SOIES.

Voyez le Journal, art. 83.

D'une part, Barbier reçoit notre mandat qui représente le produit de la balle de soie vendue à Janet frères et Cie, et de l'autre part, c'est bien le compte de Soies qui fournit la marchandise.

Cet article équivaut à trois articles qu'il aurait fallu faire si la vente, le remboursement et la remise de l'effet n'avaient pas eu lieu le même jour. Nous allons donner ces trois articles, car ils contribueront à rendre intelligible celui que nous avons passé.

ARTICLE DE LA VENTE.

JANET FRÈRES ET Cie A SOIES.

ARTICLE DU REMBOURSEMENT.

EFFETS A RECEVOIR A JANET FRÈRES ET Cie.

ARTICLE DE LA REMISE DE L'EFFET.

BARBIER A EFFETS A RECEVOIR.

Pour se convaincre que l'article que nous avons adopté équivaut aux trois articles ci-dessus, il suffit de supprimer les comptes qui figurent tout à la fois comme débiteurs et comme créditeurs dans ces trois derniers articles, à savoir : Janet frères et Cie et Effets à Recevoir ; alors il restera ce que nous avons écrit au journal : Barbier à Soies.

Les maîtres doivent beaucoup exercer leurs élèves à la rédaction de ces sortes d'articles.

80. ——— du 8 mars 1844. ———

Ponat, à Lyon, me renvoie la traite, N° 123, de Boutard, à Paris, accompagnée d'un protêt faute d'acceptation, et d'un compte de retour ainsi établi :

Principal		2500 »
Frais judiciaires	17 »	
Timbre du compte de retour et de la retraite	» 85	
Commission 1/2 p. %	12 50	40 »
Courtage et certificat	6 25	
Ports de lettres et retard	3 40	
Total		2540 »
(1) *Perte de la négociation de la retraite* 1 p. %		25 65
Ensemble		2565 65

(1) Pour le calcul de la Perte à la négociation de la Retraite voyez nos NOTIONS D'ARITHMÉTIQUE COMMERCIALE, 9e Leçon, dernier chapitre, intitulé : *Moyen de trouver le Prix de Vente, en calculant le bénéfice sur le chiffre de la Vente.*

Les 2500 fr. ne figurant pas au débit de Ponat, je ne lui dois compte que de fr. 65 65.

Sur cette dernière somme il laisse à mon profit la moitié de la perte à la négociation de la retraite......... 12 80

Reste à son avoir 52 85

Ensemble, dont il faut faire écritures......... 65 65

1re QUESTION. Qui est-ce qui *reçoit?*

RÉPONSE. **BOUTARD.**

2e QUESTION. Qui est-ce qui *fournit?*

RÉPONSE. **PONAT** et **PROFITS** et **PERTES.**

Nous écrirons donc au Journal :

BOUTARD A DIVERS.

A PONAT......................

A PROFITS ET PERTES.........

Voyez le Journal, art. 84.

Boutard est débiteur de tous les frais que le défaut d'acceptation entraîne; Ponat est créditeur de 40 fr. pour divers frais, et de 12 fr. 85 c. pour la moitié de la perte à la négociation de la retraite, ensemble 52 fr. 85 c., et notre compte de Profits et Pertes prend à son avoir 12 fr. 80 c. que Ponat nous abandonne sur les bénéfices.

Nous avons donné ici la note des frais qui composent le compte de retour, afin que ceux de nos lecteurs qui n'ont point vu de compte de retour comprennent ceux qui pourront leur passer sous les yeux et puissent au besoin en établir eux-mêmes.

Celui qui fait un compte de retour a le droit de se rembourser du montant de l'effet protesté et de tous les frais, en lançant une retraite accompagnée du compte de retour sur l'un des endosseurs qui a eu l'effet avant lui. C'est pourquoi on fait figurer dans le compte de retour le timbre d'une retraite et la perte à la négociation de cette retraite, quoiqu'on en fasse rarement une; ce sont des frais simulés que d'habitude on partage avec son cédant.

81. ——— du 9 mars 1844. ———

J'envoie au remboursement chez Boutard, à Paris, qui paie en espèces :

N° 123, sa traite sur Lyon, protestée.......... 2500 »

Les frais de protêt et le compte de retour....... 65 65 2565 65

1re Question. Qui est-ce qui *reçoit?*

Réponse. **Caisse.**

2e Question. Qui est-ce qui *fournit?*

Réponse. **Effets a Recevoir** et **Boutard.**

Nous écrirons donc au Journal :

CAISSE A DIVERS,

A EFFETS A RECEVOIR........

A BOUTARD..................

Voyez le Journal, art. 85.

Il est clair que c'est ici la Caisse qui reçoit l'argent que Boutard nous compte.

Pour bien comprendre la seconde partie de cet article, il faut se rappeler que le compte d'Effets à Recevoir a été débité de l'effet, au moment où Boutard nous l'a remis, et que depuis il n'en a plus été mention au Journal ; il faut donc créditer le compte d'Effets à Recevoir aujourd'hui que nous rendons l'effet. Quant au compte de Boutard, nous devons le créditer de 65 fr. 65 c. dont nous l'avons débité lorsque l'effet nous est revenu accompagné d'un compte de retour.

82. ——————— du 9 mars 1844. ———————

Dupré, à Melun, ayant refusé de prendre livraison de mon envoi du 5 courant, Vilcoq, de la même ville, m'écrit qu'il s'en chargera, à condition que je lui ferai un rabais de 2 fr. par mètre de drap, ce à quoi je consens.

Je déduis donc

2 fr. par mètre sur 80 *mètres de drap, ci*.......	160 »	
Reste pour l'importance de la nouvelle facture..	1904 »	
Somme égale au montant de l'ancienne facture......		2064 »

1re Question. Qui est-ce qui *reçoit?*

Réponse. **Vilcoq**, *le montant de la facture moins* 160 *fr.*, et **Draps de Louviers**, *les* 160 *fr.*

2e Question. Qui est-ce qui *fournit?*

Réponse. **Dupré.**

Nous écrirons donc au Journal :

DIVERS A DUPRÉ,
VILCOQ.......................
DRAPS DE LOUVIERS...........

Voyez le Journal, art. 86.

Nous créditons Dupré du montant de l'envoi dont il avait été débité et qu'il refuse; nous débitons Vilcoq du prix pour lequel il prend cet envoi, et Draps de Louviers de la réduction que nous éprouvons sur le prix de 2 pièces.

83. ——————— du 10 mars 1844. ———————

Ponat, à Lyon, me donne avis qu'il a compté à Ruette, de Paris, porteur de m/ lettre de crédit, une somme de 3000 »

1re Question. Qui est-ce qui *reçoit?*
Réponse. Ruette.
2e Question. Qui est-ce qui *fournit?*
Réponse. Ponat.

Nous écrirons donc au Journal :

RUETTE A PONAT.

Voyez le Journal, art. 87.

Nous avions annoncé cet article dans le raisonnement qui accompagne le second article du 1er mars.

84. ——————— du 11 idem. ———————

Barbier, à Paris, me rend m/ mandat non payé de fr. 2793 60 *sur Janet frères et Cie, à Amiens, à* 2 *jours de vue, s'élevant, avec une addition de* 80 *c. pour ses ports de lettres, à*.................................... 2794 40

1re Question. Qui est-ce qui *reçoit?*
Réponse. Janet frères et Cie.
2e Question. Qui est-ce qui *fournit?*
Réponse. Barbier.

Nous écrirons donc au Journal :

JANET FRÈRES ET Cie A BARBIER.

Voyez le Journal, art. 88.

L'effet qui nous rentre étant déjà sorti une fois, il n'a plus de valeur, et il n'y a plus lieu de débiter le compte d'Effets à Recevoir.

Comme on s'était remboursé sur Janet frères et Cie, le 7 mars, au moment même de l'envoi de la balle de soie, on ne les avait pas débités de la facture. Aujourd'hui que le mandat nous est rendu, il est bien juste de les débiter de cette facture jusqu'à ce qu'ils l'aient payée, ainsi que des ports de lettres de Barbier.

D'un autre côté, nous devons compte à Barbier du montant de cet effet dont il avait été débité quand nous le lui avons remis, et des ports de letres qu'il réclame.

85. ——————— du 12 mars 1844. ———————

Janet frères et Cie, à Amiens, m'écrivent qu'ils ont entendu acheter à 3 mois la balle de soie que je leur ai expédiée le 7 courant.

En conséquence ils renoncent à l'escompte de 3 p. % et me remettent, au lieu de fr. 2793 60,

No 127, leur billet à m/ ordre, 5 juin, de .... 2880 »

1re Question. Qui est-ce qui *reçoit?*

Réponse. Effets a Recevoir.

2e Question. Qui est-ce qui *fournit?*

Réponse. Soies et Janet frères et Cie.

Nous écrirons donc au Journal :

EFFETS A RECEVOIR A DIVERS,
A SOIES........................
A JANET FRÈRES ET Cie........

Voyez le Journal, art. 89.

Le compte d'Effets à Recevoir est débité du billet de 2880 fr.; quant à Janet frères et Cie, ils ne peuvent pas être crédités du montant de cet effet, puisqu'ils n'ont été débités que de 2793 fr. 60 c. formant le net de notre facture, déduction faite de l'escompte; aussi ne les créditons-nous que de cette somme, mais nous créditons le compte de Soies de 86 fr. 40 c. pour la reprise de l'escompte qui doit grossir le prix de vente duquel il avait été soustrait, et ces deux avoirs réunis balancent le doit du compte d'Effets à Recevoir.

86. ——————— du 12 mars 1844. ———————

Après avoir fait l'article d'autre part, je m'aperçois que le compte de Janet frères et Cie, à Amiens, ne solde pas, à cause des 80 c. de ports de lettres de Barbier, dont j'avais chargé leur débit, et que je dois faire disparaître de leur compte par suite de nos nouveaux arrangements, ci................. » 80

1re QUESTION. Qui est-ce qui *reçoit?*
RÉPONSE. PROFITS ET PERTES.
2e QUESTION. Qui est-ce qui *fournit?*
RÉPONSE. JANET FRÈRES ET Cie.

Nous écrirons donc au Journal :

PROFITS ET PERTES A JANET FRÈRES ET Cie.

Voyez le Journal, art. 90.

Cet article aurait pu ne faire qu'un avec l'article précédent, mais la réunion de ces deux articles n'aurait fait que compliquer les écritures et les rendre plus difficiles à motiver ; c'est pourquoi nous avons adopté cette disposition comme la plus claire et par conséquent la meilleure.

87. ——————— du 13 idem. ———————

Sordat, à Paris, me demande de lui échanger le billet de Rapin au 15 courant, contre un autre du même souscripteur, à un mois plus tard, ce à quoi je consens.

En conséquence je lui rends,

N° 125, *bet Rapin, à Paris,* 15 *mars* .... 500 »

Et il me donne,

N° 128, *bet Rapin, à Paris,* 15 *avril* .... 500 »

Il me paie en espèces

Pour retard et commission .... 5 » 505

1re QUESTION. Qui est-ce qui *reçoit?*
RÉPONSE. EFFETS A RECEVOIR te CAISSE.
2e QUESTION. Qui est-ce qui *fournit?*
RÉPONSE. EFFETS A RECEVOIR et PROFITS ET PERTES.

Nous écrirons donc au Journal :

DIVERS **A DIVERS,**

EFFETS A RECEVOIR..........

CAISSE........................

A EFFETS A RECEVOIR................

A PROFITS ET PERTES.................

Voyez le Journal, art. 91.

Il est facile de comprendre que, d'une part, le compte d'Effets à Recevoir reçoit le N° 128 et fournit le N° 125, et que, de l'autre part, la Caisse reçoit la bonification que le compte de Profits et Pertes fournit.

Il arrive néanmoins que les élèves hésitent longtemps avant de parvenir à bien faire ces sortes d'articles, parce qu'ils ne portent la bonification qu'à un seul compte, à Caisse ou à Profits et Pertes, sans réfléchir qu'un compte n'est jamais débiteur d'une somme sans qu'un autre compte en soit créditeur et *vice versâ*.

88. ———— du 15 mars 1844. ————

Lombard, à Lyon, ne m'ayant point envoyé de fonds,
Je paie de mes deniers,
N° 5, s/ traite o/ Thivier, échue ce jour....... 1500 »
De plus, j'acquitte,
N° 104, m' billet o/ Denis, échu ce jour....... 3019 40 4519 40

1re QUESTION. Qui est-ce qui *reçoit?*

RÉPONSE. EFFETS A PAYER.

2e QUESTION. Qui est-ce qui *fournit?*

RÉPONSE. CAISSE.

Nous écrirons donc au Journal :

EFFETS A PAYER **A CAISSE.**

Voyez le Journal, art. 92.

C'est bien le compte d'Effets à Payer qui reçoit les deux effets que l'on acquitte, et le compte de Caisse qui fournit l'argent qu'on donne pour les acquitter.

Nous avons souvent vu les élèves proposer de débiter Lombard de la traite, parce qu'il n'envoyait pas les fonds qu'il avait promis d'envoyer. Il faut rappeler à ceux qui tombent dans cette erreur que Lombard a déjà été débité au moment de l'acceptation, et qu'en le débitant encore une fois, il se trouverait débiteur de 3000 fr., ce qui ne peut pas être, puisqu'on ne paie que 1500 fr. pour lui.

Si Lombard avait envoyé 1500 fr. pour payer sa traite, il aurait fallu, en la payant, écrire au Journal : Effets à payer à Lombard, afin de contrepasser l'article du 27 février.

89. ——— du 16 mars 1844. ———

Je donne à Jeanson, à Paris,

N° 127, sur Amiens, 5 juin.........	2880 »	3046 »
En espèces........................	166 »	
En paiement de		
N° 2, traite de Cabot, échue ce jour..........	3000 »	
Int. de 81 jours et comm^on^ *sur 2880 fr., sur Amiens*	46 »	3046 »

1re Question. Qui est-ce qui *reçoit?*

Réponse. **Effets a payer** et **Profits et Pertes.**

2e Question. Qui est-ce qui *fournit?*

Réponse. **Effets a recevoir** et **Caisse.**

Nous écrirons donc au Journal :

DIVERS **A DIVERS,**
EFFETS A PAYER..............
PROFITS ET PERTES...........
A EFFETS A RECEVOIR..................
A CAISSE..............................

Voyez le Journal, art. 93.

Cet article a une grande analogie avec celui du 13 courant ; la différence remarquable qui existe dans la composition de ces deux articles, c'est que dans celui-ci nous payons la bonification, tandis que dans l'autre on nous la payait.

90. ——— du 17 idem. ———

Ponat, à Lyon, me donne avis d'un nouveau paiement 3000 fr. fait pour m/ compte à Ruette, de Paris.

Ruette ne devant plus faire usage de ma lettre de crédit,

Ponat m'annonce qu'il a mis en circulation une traite sur moi o/ Baron et Cie, à 8 jours de vue, de........ 5112 85

Pour se remplir de ce qui suit :

Fr. 6000 » *payés à Ruette*

60 » { 30 » 1/2 *p.* °/₀ *de commission.* / 30 » *id. pour avance de fonds.* }

52 85 *frais à 2500 fr. sur Lyon.*

6112 85 *ensemble.*

Dont il faut déduire :

1000 » *sur Lyon, encaissés.*

5112 85 *somme égale au montant de la traite.*

Quant à moi, je ne le crédite que de 3060 *fr., le reste figurant déjà à son avoir, ci.................* 3060 »

J'ajoute à cette somme, au debit de Ruette,

Ma commission à 1/2 *p.* °/₀ *sur* 6000 *fr.....* 30 »

Ensemble............... 3090 »

1re Question. Qui est-ce qui *reçoit?*

Réponse. Ruette.

2e Question. Qui est-ce qui *fournit?*

Réponse. Ponat et Profits et Pertes.

Nous écrirons donc au Journal :

RUETTE A DIVERS,

A PONAT......................

A PROFITS ET PERTES........

Voyez le Journal, art. 94.

D'un côté, il est naturel de débiter Ruette de la nouvelle remise d'espèces que Ponat lui a faite, de la commission de ce dernier et de la nôtre; de l'autre côté, il faut créditer Ponat de son nouveau paiement ainsi que de sa commission, et nous, sous le nom de Profits et Pertes, de notre commission que nous ajoutons à celle que Ponat a prise.

91. ——— du 18 mars 1844. ———

Je reçois à la caisse de Ruette, à Paris........... 6090 »

1re QUESTION. Qui est-ce qui *reçoit?*

RÉPONSE. CAISSE.

2e QUESTION. Qui est-ce qui *fournit?*

RÉPONSE. RUETTE.

Nous écrirons donc au Journal :

CAISSE A RUETTE.

Voyez le Journal, art. 95.

92. ——— du 19 mars 1844. ———

Ozou frères, à Paris, me donnent leur compte de vente ainsi établi :

30 *sacs de farine de Beauce à* 48 *fr.*		1440 »	
Magasinage à 25 *c. par sac*	7 50	36 30	
Commission 2 *p.* % *sur* 1440 *fr.*	28 80		
Net, que je pourrai faire recevoir le 23 *courant*			1403 70

1re QUESTION. Qui est-ce qui *reçoit?*

RÉPONSE. OZOU FRÈRES.

2e QUESTION. Qui est-ce qui *fournit?*

RÉPONSE. FARINE CHEZ OZOU FRÈRES.

Nous écrirons donc au Journal :

OZOU FRÈRES A FARINE CHEZ OZOU FRÈRES.

Voyez le Journal, art. 96.

Nous débitons Ozou frères du prix qu'ils ont retiré de notre farine en la vendant, et nous en créditons le compte de Farine chez Ozou frères, parce que le compte de Marchandises et ses divisions sont toujours crédités du prix de vente.

En motivant ces sortes d'articles au Journal, il ne faut point y copier le compte de vente du commissionnaire, cette opération n'étant pas la nôtre; c'est pourquoi nous n'avons donné d'autre explication que celle-ci : *Produit net de* 30 *sacs de farine de Beauce.*

93. ——— du 19 idem. ———

Je solde le compte de farine chez Ozou frères.

Ce compte présente un excédant au doit de 96 30

1re QUESTION. Qui est-ce qui *reçoit?*
RÉPONSE. PROFITS ET PERTES.
2e QUESTION. Qui est-ce qui *fournit?*
RÉPONSE. FARINE CHEZ OZOU FRÈRES.

Nous écrirons donc au Journal :

PROFITS ET PERTES A FARINE CHEZ OZOU FRÈRES.

Voyez le Journal, art. 97.

Le doit du Compte de Farine chez Ozou frères étant plus fort que l'avoir de 96 fr. 30 c., il faut bien créditer ce compte pour balance, et si nous cherchons à savoir ce que c'est que cette balance, nous trouverons que c'est un excédant du prix d'achat sur le prix de vente, et par conséquent une perte dont il faut débiter Profits et Pertes.

94. ——— du 20 mars 1844. ———

Je vends au comptant à Barbey, à Paris, pour compte de Cabot, à Marseille :

N° 7, 1 b/ grége blanche, 1er blanc, k. 64, à fr. 99		6336 »	
Escompte 13 p. %	823 70	824 »	
Centimes retenus	» 30		
Net, que je reçois en espèces			5512 »

1re QUESTION. Qui est-ce qui *reçoit?*
RÉPONSE. CAISSE.
2e QUESTION. Qui est-ce qui *fournit?*
RÉPONSE. SOIES DE CABOT.

Nous écrirons donc au Journal :

CAISSE A SOIES DE CABOT.

Voyez le Journal, art. 98.

95. ——— du 20 idem. ———

Je prélève sur fr. 5870 70, *prix de vente de 2 balles de soie vendues pour compte de Cabot, à Marseille :*

1° *Ma commission à 2 p. %*	117 40	
2° *Ducroire à 1 p. %*	58 70	176 10

1re QUESTION. Qui est-ce qui *reçoit?*

PONSE. SOIES DE CABOT.

2e QUESTION. Qui est-ce qui *fournit?*

RÉPONSE. COMMISSIONS.

Nous écrirons donc au Journal :

SOIES DE CABOT A COMMISSIONS.

Voyez le Journal, art. 99.

Une commission est un profit qui augmente le prix de revient de la marchandise sur laquelle on la prend ; c'est pourquoi nous créditons le compte de Commissions par le débit de Soies de Cabot.

96. ——— du 20 mars 1844. ———

J'établis m/ compte de vente des soies de Cabot, à Marseille, comme suit :

1 *b/ déchet de k.* 105 500, *à fr.* 3 40		358 70	
1 *b/ grége blanche,* 1er *blanc, k.*64, *à fr.* 99	6336 »	5512 »	
Escompte 13 *p.* %	824 »		
Ensemble		5870 70	
Port	5 20	181 30	
Commission et ducroire 3 *p.* %	176 10		
Net, à l'avoir de Cabot, valeur de ce jour			5689 40

1re QUESTION. Qui est-ce qui *reçoit?*

RÉPONSE. SOIES DE CABOT.

2e QUESTION. Qui est-ce qui *fournit?*

RÉPONSE. CABOT.

Nous écrirons donc au Journal :

SOIES DE CABOT A CABOT.

Voyez le Journal, art. 100.

En consultant au Grand Livre le compte de Soies de Cabot, nous trouvons :

A l'Avoir	5870 70
Et au Doit	181 30
Différence	5689 40

Cette différence étant un excédant de l'Avoir sur le Doit, il faut en débiter le compte de Soies de Cabot pour balance, et en créditer Cabot à qui est dû le produit de ses soies que nous avons vendues pour son compte.

97. ———————— du 21 mars 1844. ————————

Robert, à Marseille, à qui j'avais écrit que je pourrais lui placer de l'huile de colza à fr. 117, me fait parvenir aujourd'hui, pour être vendues pour son compte, moyennant une commission de 4 p. °/₀,

120 *tonnes huile de colza,* prix fixe, *fr.* 117. .	14040 »	
Port que je paie en espèces.	54 »	14094 »

1re Question. Qui est-ce qui *reçoit?*

Réponse. **Huile de Robert.**

2e Question. Qui est-ce qui *fournit?*

Réponse. **Robert** et **Caisse.**

Nous écrirons donc au Journal

HUILE DE ROBERT A DIVERS,

A ROBERT . . . .

A CAISSE . . . .

Voyez le Journal, art. 101.

Ici, rien n'empêche que nous créditions Robert de la valeur de l'huile qu'il nous envoie, puisque le prix est fixé positivement à 117 fr. la tonne; mais, nous l'avons déjà dit, de semblables articles sont plus rares que ceux où le prix de vente est soumis aux variations du cours.

Le compte d'Huile de Robert étant un compte de marchandises, on a dû le débiter du prix assigné à l'huile, et du port qui augmente le prix de revient.

Et comme ce port a été payé en espèces, on en a crédité la Caisse.

98. ———————— du 21 idem. ————————

Je reçois de Denis, à Louviers :

6 *douz. caleçons de coton, à fr.* 42. .	252 »	360 »
12 *id. bonnets de coton, à fr.* 9. .	108 »	
5 *p. drap bleu de roi,* 194 *m., à fr.* 20.		3880 »
Ensemble.		4240 »

J'adresse à Denis, à valoir,

N° 118, sur Louviers, 31 mars .... 450 »

Et je lui redois .... 3790 » 4240 »

NOTA. User de la ressource des articles de Divers à Divers pour ne faire qu'un article de cette opération, de manière toutefois que le montant de la facture figure à l'avoir de Denis, et l'à-compte à son doit.

1re QUESTION. Qui est-ce qui *reçoit?*

RÉPONSE. MARCHANDISES GÉNÉRALES, DRAPS DE LOUVIERS et DENIS.

2e QUESTION. Qui est-ce qui *fournit?*

RÉPONSE. DENIS et EFFETS A RECEVOIR.

Nous écrirons donc au Journal :

DIVERS A DIVERS,

MARCHes Gles, ...	360 »	
DRAPS DE LOUVIERS, ...	3880 »	4690 »
DENIS, ...	450 »	
A DENIS, ...	4240 »	
A EFFETS A RECEVOIR, ...	450 »	4690 »

Voyez le Journal, art. 102.

On sait que, dans les opérations où il reste quelque chose à régler, nous voulons que le montant de la facture ou du bordereau figure en totalité au Doit ou à l'Avoir du compte de notre correspondant, et que l'à-compte figure du côté opposé.

C'est pourquoi nous avons jusqu'ici passé deux articles dans les opérations analogues à celle qui nous occupe. Si nous avions suivi la même marche cette fois-ci, nous aurions écrit au Journal, savoir :

1° Pour l'achat.

DIVERS A DENIS,

MARCHes GÉNles, ...	360 »	4240 »
DRAPS DE LOUVIERS, ...	3880 »	

2° Pour l'à-compte.

DENIS	A EFFETS A RECEVOIR,	
	....	450 »

Or l'article 102 que nous avons adopté n'est autre chose que la réunion des deux articles ci-dessus, dont les trois débiteurs figurent les premiers, et les deux créditeurs les derniers.

99 ——————— du 22 mars 1844. ———————

Cornier, à Dijon, me livre		
100 *bouteilles vin pour m/ usage, à fr.* 1 50....	150 »	
Et il me remet,		
N° 129, *b^et Riquoy, à Paris,* 25 *mars*..........	500 »	
Ensemble.......	650 »	
De mon côté, je lui vends :		
1 *p. drap de Louviers vert foncé de* 40 *m., à fr.* 22	880 »	
5 *p. calicot ensemble* 186 *m., à* 95 *c*...........	176 70	
Ensemble..............		1056 70

NOTA. Ne faire qu'un article comme dans le cas précédent.

1re QUESTION. Qui est-ce qui *reçoit?*

RÉPONSE. DÉPENSES DOMESTIQUES, EFFETS A RECEVOIR et CORNIER.

2e QUESTION. Qui est-ce qui *fournit?*

RÉPONSE. DRAPS DE LOUVIERS, MARCHANDISES GÉNÉRALES et CORNIER.

Nous écrirons donc au Journal :

DIVERS		A DIVERS,
DÉPENSES DOMESTIQUES,		
....	150 »	
EFFETS A RECEVOIR,		1706 70
....	500 »	
CORNIER,		
....	1056 70	

A DRAPS DE LOUVIERS,

.... 880 »

A MARCH^{ses} G^{les},

.... 176 70 } 1706 70

A CORNIER,

.... 650 »

Voyez le Journal, art. 103.

Comme l'article précédent, celui-ci est formé de la réunion de deux autres articles que nous aurions pu faire.

Le premier, composé de la livraison de Cornier, aurait été conçu ainsi :

DIVERS A CORNIER,

DÉPENSES DOMESTIQUES,

.... 150 »

EFFETS A RECEVOIR, } 650 »

.... 500 »

Le second, composé de notre livraison, aurait été conçu comme suit :

CORNIER A DIVERS,

A DRAPS DE LOUVIERS,

.... 880 »

A MARCH^{ses} GÉN^{les}, } 1056 70

.... 176 70

100. ——————— du 23 mars 1844. ———————

Je reçois en espèces d'Ozou frères, à Paris 1403 70

1re Question. Qui est-ce qui *reçoit?*

Réponse. Caisse.

2e Question. Qui est-ce qui *fournit?*

Réponse. Ozou frères.

Nous écrirons donc au Journal :

CAISSE A OZOU FRÈRES.

Voyez le Journal, art. 104.

101. ——— du 25 mars 1844. ———

J'achette de Féroux, à Paris,

82 pièces toile de Hollande, 3200 *m., à fr.* 6 25	20000 »	
Je le paie de la manière qui suit :		
120 *ton. huile de colza de Robert, à fr.* 117..	14040 »	
En espèces..............................	5781 20	
3 *p.* °/₀ *sur fr.* 5960, *solde en espèces*........	178 80	20000 »

1re Question. Qui est-ce qui *reçoit?*

Réponse. **Marchandises Générales.**

2e Question. Qui est-ce qui *fournit?*

Réponse. **Huile de Robert, Caisse** et **Profits et Pertes.**

Nous écrirons donc au Journal :

MARCHses Gles A DIVERS,
A HUILE DE ROBERT..........
A CAISSE.....................
A PROFITS ET PERTES.........

Voyez le Journal, art 105.

102. ——— du 25 idem. ———

Je paie en espèces :

Le magasinage des 120 *ton. d'huile de Robert*....	24 »	
Je prélève m/ commission à 4 *p.* °/₀ *sur fr.* 14040, *produit de la vente desd. huiles*........	561 60	585 60

1re Question. Qui est-ce qui *reçoit?*

Réponse. **Huile de Robert.**

2e Question. Qui est-ce qui *fournit?*

Réponse. **Caisse** et **Commissions.**

Nous écrirons donc au Journal :

HUILE DE ROBERT A DIVERS,
A CAISSE.....................
A COMMISSIONS..............

Voyez le Journal, art. 106.

C'est effectivement le compte d'Huile de Robert qu'il faut débiter, parce qu'il doit supporter tous les frais occasionnés par la vente de l'huile; d'un autre côté, on crédite la Caisse, qui fournit de l'argent pour payer le magasinage, et Commissions, parce que la commission que nous prélevons est un profit.

103. ——————— du 25 mars 1844. ———————

J'additionne le doit et l'avoir du compte d'Huile de Robert, et je trouve une différence de fr. 639 60 *dont je fais un article pour solde dudit compte, ci*.................. 639 60

1re Question. Qui est-ce qui *reçoit?*

Réponse. Robert.

2e Question. Qui est-ce qui *fournit?*

Réponse. Huile de Robert.

Nous écrirons donc au Journal :

ROBERT A HUILE DE ROBERT.

Voyez le Journal, art. 107.

En effet le doit du compte d'Huile de Robert étant plus fort que l'avoir de 639 fr. 60 c., il faut bien le créditer de cette somme pour balance, et comme cette balance représente les frais qu'a occasionnés la vente de l'huile, il est juste de les porter au doit de Robert.

104. ——————— du 26 idem. ———————

Je vends à Huard, à Paris,

5 p. drap de Louviers bleu de roi, 194 *m., à fr.* 24 50. 4753 »

Huard me donne en paiement :

Une traite sur moi, non acceptée, à s/ ord/ de Cabot, à Marseille, 31 *mars, de*.......................... 4000 »

En espèces...................................... 753 » 4753 »

1re Question. Qui est-ce qui *reçoit?*

Réponse. Cabot et Caisse.

2e Question. Qui est-ce qui *fournit?*

Réponse. Draps de Louviers.

Nous écrirons donc au Journal :

DIVERS A DRAPS DE LOUVIERS,

CABOT.......................

CAISSE........................

Voyez le Journal, art. 108.

En prenant en paiement d'une vente de draps faite à Huard une traite de Cabot sur notre caisse de la somme de 4000 fr., c'est comme si nous vendions à Cabot pour 4000 fr. de draps, puisque c'est lui qui devient notre débiteur à la place de Huard.

S'il arrive qu'un élève porte ces 4000 fr. au compte d'Effets à Payer, ce sera une occasion de lui dire que le compte d'Effets à Payer n'est jamais débité d'une somme dont il n'a pas été crédité, et s'il ne comprend pas pourquoi, on lui expliquera qu'un effet que l'on souscrit ne peut pas *rentrer* sans *être sorti* d'abord, et que, quand il sort, on crédite les Effets à Payer.

Le contraire arrive pour le compte d'Effets à Recevoir, il est toujours débité avant que d'être crédité, parce qu'il faut qu'un effet que nous n'avons pas souscrit nous-même *entre* avant de *sortir*, et quand il entre, on débite les Effets à Recevoir.

105. ——————— du 27 mars 1844. ———————

Je paie la traite de Ponat, à Lyon, à 8 jours de vue, de. 5112 85

1re Question. Qui est-ce qui *reçoit?*

Réponse. PONAT.

2e Question. Qui est-ce qui *fournit?*

Réponse. CAISSE.

Nous écrirons donc au Journal :

PONAT A CAISSE.

Voyez le Journal, art. 109.

Si nous avions accepté la traite, et que nous eussions déjà écrit au Journal *Ponat à Effets à Payer*, il faudrait dire aujourd'hui *Effets à Payer à caisse.*

Mais comme nous n'avons pas encore fait mention de cette traite au Journal, nous en débitons Ponat, et son compte se trouve balancé.

106. ——————— du 28 mars 1844. ———————

Je renvoie à Cornier, à Dijon, après protêt faute de paiement, sa remise,

N° 129, sur Paris, 25 mars, s'élevant avec frais de protêt et compte de retour, à fr. 525 75, *savoir :*

Capital		500 »	
Frais judiciaires	13 50		
Timbre du compte de retour	» 35	14 35	
id. de la retraite	» 50		
Commission 1/2 p. %	2 50		
Courtage et certificat	1 25	6 15	
Port de lettres et retard	2 40		
Total		520 50	
Perte à la négociation de la retraite		5 25	
Ensemble			525 75

1re Question. Qui est-ce qui *reçoit?*

Réponse. Cornier.

2e Question. Qui est-ce qui *fournit?*

Réponse. Effets a Recevoir, Caisse et Profits et Pertes.

Nous écrirons donc au Journal :

CORNIER A DIVERS,

A EFFETS A RECEVOIR.......

A CAISSE.....................

A PROFITS ET PERTES.........

Voyez le Journal, art. 110.

On débite Cornier de l'effet rendu et des frais; on crédite Effets à Recevoir du montant de l'effet, Caisse de l'argent déboursé pour payer les frais, et Profits et Pertes des frais simulés.

107. ——————— du 29 idem. ———————

Triot, à Poitiers, ayant déposé son bilan, ses créanciers réunis sont tombés d'accord de lui abandonner 50 *p. %, et de recevoir dans* 6 *mois les* 50 *p. % restants, que sa femme a garantis en hypothéquant une de ses propriétés.*

Je règle son compte conformément à cet arrangement.

La moitié de sa dette est de........................... 384 15

1re QUESTION. Qui est-ce qui *reçoit?*

RÉPONSE. PROFITS ET PERTES.

2e QUESTION. Qui est-ce qui *fournit?*

RÉPONSE. TRIOT.

Nous écrirons donc au Journal :

PROFITS ET PERTES A TRIOT.

Voyez le Journal, art. 111.

C'est une perte, il faut en débiter Profits et Pertes ; quant à Triot, on le crédite de la somme qu'on lui abandonne comme s'il l'avait payée.

108. ——————— du 30 mars 1844. ———————

Je paie ce qui suit :

N° 3, traite de Cabot, 31 *mars*...............		3000 »	
A l'emballeur, sa note de....................		36 80	
Un douzième échu de la patente.....	25 »	198 20	
Les appointements de mon commis.....	150 »		
Les ports de lettres du mois.........	16 80		
Divers menus frais................	6 40		
Je prélève pour les besoins de mon ménage.....		400 »	3635 »

1re QUESTION. Qui est-ce qui *reçoit?*

RÉPONSE. EFFETS A PAYER, EMBALLAGE, FRAIS GÉNÉRAUX et DÉPENSES DOMESTIQUES.

2e QUESTION. Qui est-ce qui *fournit?*

RÉPONSE. CAISSE.

Nous écrirons donc au Journal :

DIVERS A CAISSE

EFFETS A PAYER.............

EMBALLAGE...................

FRAIS GÉNÉRAUX............

DÉPENSES DOMESTIQUES.....

Voyez le Journal, art. 112.

109. ——————— du 30 idem. ———————

En faisant ma caisse, j'y trouve un déficit de 75 *fr. dont je passe écritures, ci*.................................. 75 »

1re QUESTION. Qui est-ce qui *reçoit?*

RÉPONSE. PROFITS ET PERTES.

2e QUESTION. Qui est-ce qui *fournit?*

RÉPONSE. CAISSE.

Nous écrirons donc au Journal :

PROFITS ET PERTES **A CAISSE.**

Voyez le Journal, art. 113.

Ce déficit de caisse est une perte qui grossit le doit de Profits et Pertes en même temps qu'il augmente l'avoir de Caisse.

NOTA. A cette époque je suppose qu'il y a un an que je fais le commerce, et que je veux faire mon inventaire pour me conformer à la loi, et pour savoir si mon capital a augmenté ou diminué. C'est pourquoi, avant de faire la balance du mois, je passe les articles qui suivent.

110. ——————— du 31 mars 1844. ———————

Lombard, à Lyon, se trouvant dans une position qui me laisse peu d'espérance de recouvrer ma créance, je ne veux pas qu'à l'époque de mon inventaire son compte figure d'une manière positive à mon actif.

C'est pourquoi je le balance, et j'en porte le solde à un compte que j'intitule CRÉANCES DOUTEUSES, *ci*............ 1644 »

1re QUESTION. Qui est-ce qui *reçoit?*

RÉPONSE. CRÉANCES DOUTEUSES.

2e QUESTION. Qui est-ce qui *fournit?*

RÉPONSE. LOMBARD.

Nous écrirons donc au Journal :

CRÉANCES DOUTEUSES **A LOMBARD.**

Voyez le Journal, art. 114.

Le compte de Créances Douteuses est une nouvelle division du compte de Profits et Pertes, c'est pourquoi cette perte présumée se porte au doit de Créances Douteuses ; quant à Lombard, nous le créditons comme s'il avait payé, afin de balancer son compte.

Au Grand Livre le compte de Créances Douteuses se tient comme le compte de Divers.

111. ———————— du 31 mars 1844. ————————

Comme je ne paierai que le 15 *du mois prochain mon terme de loyer qui échoit ce jour, je porte en dépense :*

1° 3 *mois de loyer de mon magasin*............. 450 »
2° 3 *mois de loyer de mes appartements*......... 150 » 600 »

1re Question. Qui est-ce qui *reçoit?*
Réponse. **Frais Généraux** et **Dépenses Domestiques.**
2e Question. Qui est-ce qui *fournit?*
Réponse. **Loyer a Payer.**

Nous écrirons donc au Journal :

DIVERS **A LOYER A PAYER,**
FRAIS GÉNÉRAUX.............
DÉPENSES DOMESTIQUES......

Voyez le Journal, art. 115.

Le loyer du magasin augmente le doit de Frais Généraux, et celui de nos appartements augmente le doit de Dépenses Domestiques, quant au compte de Loyer à Payer, on le crédite comme on créditerait le propriétaire, ainsi que nous l'avons déjà dit ailleurs.

112. ———————— du 31 idem. ————————

Je porte à l'avoir de Gabarrot, à Paris, 3 *mois d'intérêts à* 5 *p.* % *l'an sur son prêt de* 12000 *fr., ci*......... 150 »

1re Question. Qui est-ce qui *reçoit?*
Réponse. **Profits et Pertes.**
2e Question. Qui est-ce qui *fournit?*
Réponse. **Gabarrot.**

Nous écrirons donc au Journal :

PROFITS ET PERTES **A GABARROT.**

Voyez le Journal, art. 116.

113. ———————— du 31 idem. ————————

Je porte au doit de Barbier, à Paris, pour intérêts en ma faveur sur son compte courant réglé valeur de ce jour. . [illegible] 35

1re Question. Qui est-ce qui *reçoit?*

Réponse. Barbier.

2e Question. Qui est-ce qui *fournit?*

Réponse. Profits et Pertes.

Nous écrirons donc au Journal :

BARBIER	A PROFITS ET PERTES.

Voyez le Journal, art. 117.

114. ——————— du 31 janvier 1844. ———————

Je porte à l'avoir de Barbier, à Paris, savoir :

Change de place 3/8 *p.* °/₀ *sur fr.* 6576 60	24 65	
Commission 1/8 *p.* °/₀ *sur* 2000 *fr. payés à Cabot.*	2 50	
Commission 1/2 *p.* °/₀ *sur fr.* 5276 85 *ses traites.*	26 40	53 55

1re Question. Qui est-ce qui *reçoit?*

Réponse. Profits et Pertes.

2e Question. Qui est-ce qui *fournit?*

Réponse. Barbier.

Nous écrirons donc au Journal :

PROFITS ET PERTES	A BARBIER

Voyez le Journal, art. 116.

115. ——————— du 31 idem. ———————

Ayant calculé le compte courant de Cabot, à Marseille, valeur de ce jour,

Je porte à son doit, savoir :

Intérêts en m/ faveur	86 30	
Commission 1/2 *p.* °/₀ *sur* 2000 *fr., traite sur Marseille*	10 »	96 30

1re Question. Qui est-ce qui *reçoit?*

Réponse. Cabot.

2e Question. Qui est-ce qui *fournit?*

Réponse. Profits et Pertes.

Nous écrirons donc au Journal :

CABOT	A PROFITS ET PERTES.

Voyez le Journal, art. 117.

116. ——————— du 31 mars 1844. ———————

Comme on a l'habitude de diminuer de 10 *p.* °/₀ *tous les ans la valeur du mobilier, je déduis pour le trimestre :*

2 1/2 *p.* °/₀ *sur* 384 *fr., pour dépréciation du mobilier.* . 9 60

1re QUESTION. Qui est-ce qui *reçoit?*

RÉPONSE. PROFITS ET PERTES.

2e QUESTION. Qui est-ce qui *fournit?*

RÉPONSE. MOBILIER.

Nous écrirons donc au Journal :

PROFITS ET PERTES **A MOBILIER.**

Voyez le Journal, art. 116.

NOTA. Nous n'avons fait que deux articles au Journal des cinq derniers articles de la Main Courante.

Lorsque ces articles auront été portés au Grand Livre, on fera la Balance du mois de Mars, qui devra figurer dans la Balance Générale à la colonne qui a pour titre : Addition du mois de mars. Ensuite on additionnera les Balances Mensuelles, et l'on en extraira les Soldes Provisoires, et il ne restera plus qu'à établir l'Inventaire, en procédant comme nous avons procédé dans la comptabilité qui fait l'objet du premier volume.

Nous allons en conséquence établir, d'autre part, l'Inventaire des Marchandises, que nous trouvons en consultant nos Livres d'Entrée et de Sortie de marchandises.

Inventaire des Marchandises au 31 Mars 1844.

MARCHANDISES GÉNÉRALES EN MAGASIN.

6 douz. caleçons, à 42 fr.	252 »		
12 douz. bonnets de coton, à 9 fr.	108 »	20360 »	
4200 mètres de toile de Hollande, à 6 fr. 25 c.	20000 »		

SOIES EN MAGASIN.

1 b/ rondelette, 78 kilogr., à 25 fr. 50 c.	1989 »

DRAPS DE LOUVIERS EN MAGASIN.

Néant.

Total des Marchandises inventoriées	22349 »

Cet inventaire établi, nous savons que nous devons extraire les profits et les pertes de tous les comptes susceptibles de produire du bénéfice ou de la perte, afin de les porter au compte de Profits et Pertes, que nous solderons ensuite par l'avoir ou par le doit de Capital, suivant qu'il y aura eu bénéfice ou perte sur les opérations.

Nous allons chercher avec nos lecteurs les éléments des divers articles que nous venons d'indiquer, et nous porterons ensuite ces articles au Livre des Inventaires.

Rédaction raisonnée des Articles d'Inventaire à porter au Livre des Inventaires.

BÉNÉFICE RÉSULTANT DE DIVERS COMPTES.

BÉNÉFICE RÉSULTANT DU COMPTE DE MARCHANDISES GÉNÉRALES.

En consultant la Balance Générale, nous voyons que l'addition du compte de **Marchandises** Générales donne à l'**Avoir**, ***qui exprime le prix de vente des marchandises***, un total de............ 7782 70

Et au Doit, ***qui exprime le prix d'achat des marchandises***, un total de.............................. 28065 60

Mais il faut retrancher de ce dernier total la valeur des marchandises générales invendues, que nous avons trouvées en magasin, ci............ 20360 »

Il ne restera plus au doit que le prix de revient des marchandises vendues, ci.............................. 7705 60

Différence exprimant le bénéfice......... 77 10

Voyez le Livre des Inventaires, art. 1er.

BÉNÉFICE RÉSULTANT DU COMPTE DE SOIES.

Nous voyons à la Balance Générale que l'addition du compte de Soies donne à l'Avoir un total de........................ 13153 25

Et au Doit un total de...................... 12102 90

Dont il faut déduire la valeur des soies invendues, ci.................................. 1989 »

Rest le prix d'achat des soies vendues.............. 10113 90

Différence exprimant le bénéfice.......................... 3039 35

Voyez le Livre des Inventaires, art. 1er.

BÉNÉFICE RÉSULTANT DU COMPTE DE DRAPS DE LOUVIERS.

Nous voyons à la Balance Générale que l'addition du compte de Draps de Louviers donne à l'Avoir un total de........... 15673 »

Et au Doit un total de............................ 13483 75

Et comme tous les draps de Louviers achetés ont été vendus, il suffit de comparer le doit avec l'avoir pour voir s'il y a bénéfice ou perte.

Différence exprimant le bénéfice et formant le solde... 2189 25

Voyez le Livre des Inventaires, art. 1er.

BÉNÉFICE RÉSULTANT DU COMPTE DE COMMISSIONS.

Nous voyons à la Balance Générale que l'addition du compte de Commissions donne à l'Avoir un total de................ 1352 10

Comme il n'y a rien au Doit de ce compte, ces 1352 fr. 10 c. sont un bénéfice, et nous devons porter pareille somme au doit pour solde.

Voyez le Livre des Inventaires, art. 1er.

PERTES RÉSULTANT DE DIVERS COMPTES.

PERTE RÉSULTANT DU COMPTE D'EMBALLAGE.

Ce compte présente à la Balance Générale un Doit de 52 fr. 80 c., et pas d'Avoir.

Ce doit est une perte, et nous devons porter pareille somme à l'Avoir pour solde.

Voyez le Livre des Inventaires, art. 2.

PERTE RÉSULTANT DU COMPTE DE FRAIS GÉNÉRAUX.

Ce compte présente à la Balance Générale un Doit de 1116 fr. 45 c., et pas d'Avoir.

Ce doit est une perte, et nous devons porter pareille somme à l'Avoir pour solde.

Voyez le Livre des Inventaires, art. 2.

PERTE RÉSULTANT DU COMPTE DE DÉPENSES DOMESTIQUES.

Ce compte présente à la Balance Générale un Doit de 1421 fr. 65 c., et pas d'Avoir.

Ce doit est une perte, et nous devons porter pareille somme à l'Avoir pour solde.

Voyez le Livre des Inventaires, art. 2.

SOLDE DU COMPTE DE PROFITS ET PERTES.

Ce compte va nous dire ce que nous avons gagné ou perdu sur nos opérations.

Il présente à la Balance Générale un avoir de..........		570 05
Nous venons d'ajouter à cet avoir :		
1° Les bénéfices de Marchandises Générales....	77 10	
2° — de Soies....................	3039 35	
3° — de Draps de Louviers........	2189 25	
4° — de Commissions............	1352 10	
L'avoir s'est donc grossi de....................		6657 80
Total de l'Avoir......................		7227 85

Total de l'Avoir de l'autre part......... 7227 85

Ce compte présente à la Balance Générale un doit de.................................. 898 25

Nous venons d'ajouter à ce doit :

1° Le solde d'Emballage............	52 80	
2° — de Frais Généraux........	1116 45	
3° — de Dépenses Domestiques.	1421 65	
Le doit s'est donc grossi de..........		2590 90

Total du Doit......................... 3489 15

Excédant de l'Avoir sur le Doit.............. 3738 70

Partant il y a eu un bénéfice de 3738 fr. 70 c. sur les opérations.

Cette somme de 3738 fr. 70 c. doit grossir l'avoir du compte de Capital, et être portée au doit de Profits et Pertes pour solde.

Voyez le Livre des Inventaires, art. 2.

ARTICLES ADDITIONNELS A PORTER A LA BALANCE GÉNÉRALE.

Nous devons porter à la Balance Générale les articles que nous venons de passer au Livre des Inventaires, afin de les combiner ensuite avec les Soldes Provisoires pour composer les Soldes Définitifs.

Nous avons donc, d'une part, à débiter les comptes qui suivent dans les colonnes destinées aux articles additionnels.

1° Marchandises Générales de..........................	77 10
2° Soies de..	3039 35
3° Draps de Louviers de.............................	2189 25
4° Commissions de.....................................	1352 10
5° Profits et Pertes de................................	6329 60
Doit des articles additionnels...........	12987 40

Nous avons, de l'autre part, à créditer les comptes qui suivent dans les colonnes destinées aux articles additionnels.

1° Profits et Pertes de...............................	6657 80
2° Emballage de.......................................	52 80
3° Frais Généraux de.................................	1116 45
4° Dépenses Domestiques de........................	1421 65
5° Capital de...	3738 70
Avoir des articles additionnels..........	12987 40

Voyez la Balance Générale.

COMBINAISON DES SOLDES PROVISOIRES AVEC LES ARTICLES ADDITIONNELS POUR FORMER LES SOLDES DÉFINITIFS.

En consultant la Balance Générale, nous voyons que le compte de Capital qui était créditeur aux soldes provisoires de 16008 15
Est encore créditeur aux articles additionnels de....... 3738 70
Ces deux sommes additionnées donnent un total de..... 19746 85
qu'il faut porter à l'avoir des soldes définitifs.

Comme il n'y a pas eu d'articles additionnels pour modifier les soldes des comptes de Loyer payé par Avance, de Mobilier, de Caisse, d'Effets à Recevoir, de Loyer à Payer, de Créances Douteuses, de Barbier, de Gabarrot, de Cabot, de Triot, de Barbey, de Denis, de Nicolin, de Vilcoq, de Robert, de Cornier, les soldes définitifs de ces comptes sont les mêmes que leurs soldes provisoires.

Le compte de Marchandises Générales qui était débiteur aux soldes provisoires de.. 20282 90
Est encore débiteur aux articles additionnels de 77 10
Ces deux sommes additionnées donnent un total de..... 20360 »
qu'il faut porter au doit des soldes définitifs.

Le compte de Soies a été débité aux articles additionnels de 3039 35
Il était créditeur aux soldes provisoires de............ 1050 35
Différence.......................... 1989 »
qu'il faut porter au doit des soldes définitifs.

Le compte de Draps de Louviers, qui était créditeur aux soldes provisoires de.. 2189 25
A été débité aux articles additionnels de.............. 2189 25
Il ne reste rien à porter aux soldes définitifs........... » »

Il en est de même des comptes de Commissions, d'Emballage, de Profits et Pertes, de Frais Généraux et de Dépenses Domestiques, dont les soldes provisoires ont été balancés par des articles additionnels.

BALANCE GÉNÉRALE ET INVENTAIRE AU 31 MARS 1844.

BALANCE GÉNÉRALE ET

FOLIOS DU GRAND LIVRE.	COMPTES OUVERTS au GRAND LIVRE.	BALANCES MENSUELLES.							
		RÉUNION DES ADDITIONS de janvier et de février.				ADDITION du mois de mars.			
		Doit.		Avoir.		Doit.		Avoir.	
1	Capital	500	»	8108	15	»	»	8400	»
»	Loyé payé par Avance	900	»	»	»	»	»	»	»
»	Mobilier	384	»	»	»	»	»	9	60
3	Caisse	26606	70	23409	70	19536	15	20994	65
»	Marchandises Générales	7457	50	7336	»	20608	10	446	70
4	Soies	10113	90	7646	60	1989	»	5506	65
»	Draps de Louviers	9443	75	7000	»	4040	»	8673	»
»	Farine chez Ouzou frères	1500	»	»	»	»	»	1500	»
5	Effets à Payer	1500	»	12019	40	10519	40	»	»
»	Effets à Recevoir	16080	55	15030	55	7880	»	8430	»
6	Commissions	»	»	420	25	»	»	931	85
»	Emballage	16	»	»	»	36	80	»	»
»	Loyer à Payer	»	»	»	»	»	»	600	»
7	Profits et Pertes	33	»	152	45	865	25	417	60
»	Frais Généraux	468	25	»	»	648	20	»	»
8	Dépenses Domestiques	721	65	»	»	700	»	»	»
»	Créances Douteuses	»	»	»	»	1500	»	»	»
»	Soies de Cabot	5	20	358	70	5865	50	5512	»
9	Soies de Gerbis neveu	»	»	3087	»	6471	»	3384	»
10	Barbier, à Paris	18776	60	10222	70	11252	65	6124	80
»	Gabarrot, à Paris	»	»	12000	»	»	»	150	»
»	Cabot, à Marseille	10000	»	11935	85	4096	30	5689	40
11	Triot, à Poitiers	2061	»	1292	75	»	»	384	15
»	Barbey, à Paris	5888	»	»	»	»	»	»	»
12	Denis, à Louviers	»	»	»	»	450	»	4240	»
»	Nicolin, à Amiens	5524	»	2460	»	»	»	»	»
13	Gerbis neveu, à Montauban	3000	»	»	»	3276	85	6276	85
»	Lombard, à Lyon	1500	»	»	»	»	»	1500	»
14	Vilcoq, à Melun	»	»	»	»	1904	»	»	»
»	Robert, à Marseille	»	»	»	»	639	60	14040	»
»	Cornier, à Dijon	»	»	»	»	1582	45	650	»
		122480	10	122480	10	103861	25	103861	25

INVENTAIRE AU 31 MARS 1844.

BALANCE GÉNÉRALE.								BALANCE D'INVENTAIRE.							
ADDITION des balances mensuelles				SOLDES PROVISOIRES au jour de l'inventaire.				ARTICLES additionnels.				SOLDES définitifs.			
Doit.		Avoir.		Doit.		Avoir.		Doit.		Avoir.		Doit.		Avoir.	
500	»	16508	15	»	»	16008	15	»	»	3738	70	»	»	19746	85
900	»	»	»	900	»	»	»	»	»	»	»	900	»	»	»
384	»	9	60	374	40	»	»	»	»	»	»	374	40	»	»
46142	85	44404	35	1738	50	»	»	»	»	»	»	1738	50	»	»
28065	60	7782	70	20282	90	»	»	77	10	»	»	20360	»	»	»
12102	90	13153	25	»	»	1050	35	3039	35	»	»	1989	»	»	»
13483	75	15673	»	»	»	2189	25	2189	25	»	»	»	»	»	»
1500	»	1500	»	»	»	»	»	»	»	»	»	»	»	»	»
12019	40	12019	40	»	»	»	»	»	»	»	»	»	»	»	»
23960	55	23460	55	500	»	»	»	»	»	»	»	500	»	»	»
»	»	1352	10	»	»	1352	10	1352	10	»	»	»	»	»	»
52	80	»	»	52	80	»	»	»	»	52	80	»	»	»	»
»	»	600	»	»	»	600	»	»	»	»	»	»	»	600	»
898	25	570	05	328	20	»	»	6329	60	6657	80	»	»	»	»
1116	45	»	»	1116	45	»	»	»	»	1116	45	»	»	»	»
1421	65	»	»	1421	65	»	»	»	»	1421	65	»	»	»	»
1500	»	»	»	1500	»	»	»	»	»	»	»	1500	»	»	»
5870	70	5870	70	»	»	»	»	»	»	»	»	»	»	»	»
6471	»	6471	»	»	»	»	»	»	»	»	»	»	»	»	»
30029	25	16347	50	13681	75	»	»	»	»	»	»	13681	75	»	»
»	»	12150	»	»	»	12150	»	»	»	»	»	»	»	12150	»
14096	30	17625	25	»	»	3528	95	»	»	»	»	»	»	3528	95
2061	»	1676	90	384	10	»	»	»	»	»	»	384	10	»	»
5888	»	»	»	5888	»	»	»	»	»	»	»	5888	»	»	»
450	»	4240	»	»	»	3790	»	»	»	»	»	»	»	3790	»
5524	»	2460	»	3064	»	»	»	»	»	»	»	3064	»	»	»
6276	85	6276	85	»	»	»	»	»	»	»	»	»	»	»	»
1500	»	1500	»	»	»	»	»	»	»	»	»	»	»	»	»
1904	»	»	»	1904	»	»	»	»	»	»	»	1904	»	»	»
639	60	14040	»	»	»	13400	40	»	»	»	»	»	»	13400	40
1582	45	650	»	932	45	»	»	»	»	»	»	932	45	»	»
226341	35	226341	35	54069	20	54069	20	12987	40	12987	40	53216	20	53216	20

Signification des Soldes définitifs.

On voit, en consultant les Soldes Définitifs de la Balance Générale, que l'Actif est composé comme suit :

Du loyer payé par avance			900	»
Du mobilier			374	40
De l'argent en caisse			1738	50
Des marchandises générales en magasin			20360	»
Des soies en magasin			1989	»
D'un effet en portefeuille			500	»
D'une créance douteuse			1500	»
Des soldes de compte des correspondants débiteurs. — Barbier	13681	75		
Triot	384	10		
Barbey	6888	»	25854	30
Nicolin	3064	»		
Vilcoq	1904	»		
Cornier	932	45		
Total de l'Actif			53216	20

Tandis que le Passif se compose :

Du loyer à payer			600	»
Des soldes de compte des correspondants créditeurs. — Gabarrot	12150	»		
Cabot	3528	95	32869	35
Denis	3790	»		
Robert	13400	40		
Total du Passif			33469	35

Enfin l'Actif net ou le nouveau Capital est composé de la différence qui est de	19746	85		
Total égal à l'Actif brut			53216	20

En effet, le capital de Munier, au jour de l'ouverture des livres, était de 8108 15

Il a retiré de son commerce pour donner à son neveu . . . 500 »

Reste 7608 15

Reste de l'autre part.............		7608 15
Il a versé dans son commerce ce qu'il a hérité de son oncle....................................	8400 »	
De plus il a gagné sur ses opérations commerciales....................................	3738 »	
A ajouter...........................		12138 »
Total égal à l'Actif net................		19746 15
Mais il ne faut pas regarder comme un véritable actif le solde de Créances Douteuses; dès lors il convient de le déduire, *du moins par la pensée*, du capital que nous avons trouvé, ci		1500 »
En sorte que le capital positif n'est que de...........		18246 15

Articles de Clôture et de Réouverture des Comptes.

Nous avons vu dans le premier volume de cet ouvrage qu'il n'y a aucune nécessité de faire des articles pour clore les livres et pour les rouvrir au moment de l'inventaire, et qu'on pourrait se contenter de faire cette opération au grand livre sans en tenir note au Journal ou au Livre des Inventaires.

Toutefois nous avons conseillé de faire ces articles au Livre des Inventaires, où ils servent à deux fins : d'une part, à constater la position du commerçant; de l'autre, à solder les comptes au Grand Livre.

Chaque compte *débiteur* aux soldes définitifs de la Balance Générale doit être *débité* à Nouveau de l'importance de son solde, et chaque compte *créditeur* aux soldes définitifs de la Balance Générale doit au contraire être *crédité* à Nouveau.

Mais avant d'ouvrir les *Comptes Nouveaux*, il faut balancer les *Comptes Anciens*.

Or, pour établir la balance des additions des comptes anciens qui sont débiteurs à Nouveau, il faut les créditer, pour balance, aux comptes anciens du solde dont ils sont débiteurs, et les débiter ensuite du même solde aux comptes nouveaux, afin qu'ils expriment ce qu'ils doivent exprimer.

Et pour établir la balance des additions des comptes anciens qui sont créditeurs à Nouveau, il faut les débiter, pour balance, aux comptes anciens du solde dont ils sont créditeurs, et les créditer ensuite du même solde aux compte nouveaux, afin qu'ils expriment ce qu'ils doivent exprimer.

Par conséquent, tous les comptes qui figurent dans la colonne du Doit aux soldes définitifs seront crédités aux comptes anciens et débités aux comptes nouveaux, tandis que tous les comptes qui figurent dans la colonne de l'Avoir aux soldes définitifs seront débités aux comptes anciens et crédités aux comptes nouveaux.

Nous dirons donc pour les comptes qui figurent à la colonne du Doit des soldes définitifs :

DIVERS, *C[tes] Nouveaux,* A EUX-MÊMES, *C[tes] Anciens.*

Et pour les comptes qui figurent à la colonne de l'Avoir des soldes définitifs :

DIVERS, *C[tes] Anciens,* A EUX-MÊMES, *C[tes] Nouveaux.*

Voyez le Livre des Inventaires, art. 3 *et* 4.

Enfin nous portons ces deux articles au Grand Livre, et la comptabilité se trouve terminée.

JOURNAL

DE

MUNIER, A PARIS.

JOURNAL.

		1. ——— du 1er janvier 1844. ———		
4.	1.	SOIES A CAPITAL,		
		N° 1, 1 b/ grége, Brousse, k. 94 90, à fr. 25 20. 2391 50		
		N° 2, 1 b/ organsin, 45 69, — 41 » 1873 30		
		N° 3, 1 b/ grége, Perse, fine, 90 », — 24 50. 2205 »		
		N° 4, 1 b/ trame de pays, 35 85, — 45 70. 1638 35	8108	15
		2. ——— du 1er idem. ———		
2.	10.	CAISSE A GABARROT, A PARIS,		
		Reçu dudit en espèces..........................	12000	»
		3. ——— du 2 idem. ———		
10.	2.	BARBIER, A PARIS, A CAISSE,		
		Versé à sa caisse..............................	9000	»
		4. ——— du 2 idem. ———		
1.	2.	LOYER PAYÉ PAR AVANCE A CAISSE,		
		Payé 6 mois au propriétaire de la maison N° 15 de la rue Rambuteau..............................	900	»
		5. ——— du 2 idem. ———		
1.	9.	MOBILIER A JAVEL, A PARIS,		
		Son mémoire d'objets de menuiserie, savoir : 1 bureau, 1 casier, 1 comptoir et des rayons, net......	164	»
		6. ——— du 3 idem. ———		
7.	2.	FRAIS GÉNÉRAUX A CAISSE,		
		Prix de 3 stères de bois, net...	90	25
		7. ——— du 4 idem. ———		
1.	2.	MOBILIER A CAISSE,		
		Prix d'une caisse ou coffre-fort...................	120	»
		8. ——— du 4 idem. ———		
1.	9.	MOBILIER A DUFOR, A PARIS,		
		Prix d'un calorifère............................	100	»

2.

		9. —— du 5 janvier 1844. ——			
11.	4.	BERTET, A VALENCIENNES, A SOIES,			
		N° 2, 1 b/ organsin, k. 45 69, à fr. 61 »...	2787 10		
		Escompte 13 p. %..................	362 30		
		Net..............................		2424	80
		10. —— du 5 idem. ——			
8.	2.	DÉPENSES DOMESTIQUES A CAISSE,			
		Prélevé en espèces..............................		250	»
		11. —— du 6 idem. ——			
2.	7.	CAISSE A PROFITS ET PERTES,			
		Especes trouvées en plus dans la caisse.............		30	»
		12. —— du 8 idem. ——			
7.	2.	PROFITS ET PERTES A CAISSE,			
		Contrepassé l'article ci-dessus......................		30	»
		13. —— du 8 idem. ——			
5.	11.	EFFETS A RECEVOIR A BERTET,			
		N° 101, s/ b^et à m/ ord/, 10 avril..........	1000 »		
		» 102, idem, 10 id...........	1000 »		
		» 103, idem, 15 id...........	424 80	2424	80
		14. —— du 9 idem. ——			
3.	5.	MARCH^ses G^les A EFFETS A RECEVOIR,			
		Acheté de Varin jeune, a Paris,			
		20 douz. fichus, à fr. 50 » la douz.......	1000 »		
		Remis en paiement,			
		N° 101, s/ Valenciennes, 10 avril..................		1000	»
		15. —— du 11 idem. ——			
5.	5.	EFFETS A RECEVOIR A EFFETS A RECEVOIR,			
		Reçu de N. Durand et Cie, à Paris,			
		N° 104, sur Poitiers, 15 février...........	1000 »		
		En échange de			
		N° 102, sur Valenciennes, 10 avril.................		1000	»
		16. —— du 12 idem. ——			
11.	5.	TRIOT, A POITIERS, A EFFETS A PAYER,			
		N° 1, s/ traite à s/ ord/, 15 février................		1500	»

		17. ——— du 13 janvier 1844. ———			
5.	11.	EFFETS A RECEVOIR A TRIOT, A POITIERS,			
		N° 105, sur Paris, 10 février.............	552 75		
		» 106, idem, 15 id...............	740 »	1292	75
		18. ——— du 13 idem. ———			
9.	2.	JAVEL, A PARIS, A CAISSE,			
		Payé en espèces................................		164	»
		19. ——— du 15 idem. ———			
5.	3.	EFFETS A RECEVOIR A MARCH^ses G^les,			
		Tiré sur Ménard, à Dôle,			
		N° 107, m/ mand/ à m/ ord/, 15 avril.......	1200 »		
		Pour me payer de			
		20 douz. fichus, m/ facture de ce jour..............		1200	»
		20. ——— du 16 idem. ———			
10.	5.	BARBIER, A PARIS, A EFFETS A RECEVOIR,			
		N° 107, s/ Dôle, 15 avril..........	1200 »		
		» 103, » Valenciennes, 15 id..........	424 80	1624	80
		21. ——— du 17 idem. ———			
11.	4.	DENTUT, A DOLE, A SOIES,			
		N° 4, 1 b/ trame de pays, k. 35 85, à fr. 68 50	2455 70		
		Bonification 1/2 p. °/₀ pour bon poids...	12 25		
		Reste....................	2443 45		
		Escompte 13 p. °/₀..................	317 65		
		Net.............................		2125	80
		22. ——— du 19 idem. ———			
10.	11.	BARBIER, A PARIS, A DENTUT, A DOLE,			
		Remis au premier la traite ci-dessous que j'ai tirée par ordre du dernier :			
		N° 108, sur Jamin, à Dôle, 20 avril................		2125	80
		23. ——— du 20 idem. ———			
6.	2.	EMBALLAGE A CAISSE,			
		Payé à l'emballeur une note de..................		16	»

4.

		24. —— du 22 janvier 1844. ——		
		Reçu en commission de Cabot, à Marseille :		
		N° 5, 1 b/ mi-perlée, Brousse, net k. 128.		
		N° 6, 1 b/ cordonnet et floche, Perse, net k. 133.		
		25. —— du 22 idem. ——		
8.	2.	SOIES DE CABOT A CAISSE,		
		Port des 2 balles ci-dessus	6	90
		26. —— du 23 idem. ——		
10.	10.	CABOT, A MARSEILLE, A BARBIER, A PARIS,		
		Remis à Robert, à Paris, pour compte de Cabot,		
		Un bon sur la caisse de Barbier, de	2000	»
		27. —— du 23 idem. ——		
5.	8.	EFFETS A RECEVOIR A SOIES DE CABOT,		
		Tiré sur Julien, à Beauvais :		
		N° 109, m/ traite à m/ ord/, 25 avril. 1000 »		
		» 110. idem, 25 id.. 1000 »		
		» 111. idem, 30 id.. 2000 »		
		» 112. idem, 30 id.. 1187 » } 5187 »		
		En paiement de m/ facture de ce jour, savoir :		
		N° 6, 1 b/ cordonnet et floche, Perse, k. 133, à fr. 39...	5187	»
		28. —— du 25 idem. ——		
3.	10.	MARCH^ses G^les A BARBIER, A PARIS,		
		Reçu en retour, par suite de la mort de Ménard,		
		20 douz. fichus, m/ envoi du 15 courant. .. 1200 »		
		Et retiré des mains de Barbier		
		M/ mand/ sur ledit Ménard	1200	»
		29. —— du 25 idem. ——		
3.	2.	MARCH^ses G^les A CAISSE,		
		Port du retour ci-dessus	4	50
		30. —— du 29 idem. ——		
11.	8.	BARBEY, A PARIS, A SOIES DE CABOT,		
		N° 5, 1 b/ mi-perlée, Brousse, k. 128, à fr. 46 ».....	5888	»

		31. ——— du 30 janvier 1844. ———			
8.	6.	SOIES DE CABOT A COMMISSIONS,			
		Commisson 2 p. % sur fr. 11075............	221 50		
		Ducroire 1 p. % sur ladite somme.........	110 75	332	25
		32. ——— du 30 idem. ———			
8.	10.	SOIES DE CABOT A CABOT, A MARSEILLE,			
		Produit net de 2 b/ soie, valeur 15 mai..............		10735	85
		33. ——— du 30 idem. ———			
2.	6.	CAISSE A COMMISSIONS,			
		Reçu en espèces de Paul Bérard et Cie, à Paris, pour m/ commission à 1 p. % sur le prix de 20 pièces de peluche de soie achetées chez eux pour compte de J. Wood......		88	»
		34. ——— du 31 idem. ———			
7.	2.	FRAIS GÉNÉRAUX A CAISSE,			
		Appointements de m/ commis..............	150 »		
		Ports de lettres........................	8 40		
		Menus frais.......................	2 80	161	20
		35. ——— du 1er février 1844. ———			
3.		MARCHses Gles A DIVERS,			
	9.	A GARNOT, A PARIS,			
		Sa facture.............................	337 »		
	9.	A NAULAY, A PARIS,			
		Sa facture.............................	216 »	553	»
		36. ——— du 1er idem. ———			
3.	12.	MARCHses Gles A DENIS, A LOUVIERS,			
		5. p. drap bleu de roi de 40 m., à fr. 22............		4400	»
		37. ——— du 1er idem. ———			
12.		DENIS, A LOUVIERS, A DIVERS,			
	5.	A EFFETS A RECEVOIR,			
		No 112, sur Beauvais, 30 avril............	1187 »		
	3.	A MARCHses Gles,			
		3 douz. p. de ruban couleur sur coul., à fr. 44.	132 »	1319	»

6.

		38. ——— du 2 février 1844. ———				
4.		DRAPS DE LOUVIERS A DIVERS,				
	12.	A MUTEAU, A LOUVIERS,				
		4 p. drap vert foncé, 160 m., à fr. 18......	2880	»		
	3.	A MARCH^ses G^les,				
		Retiré dudit compte :				
		5 p. drap bleu de roi de 40 m., à fr. 22....	4400	»	7280	»
		39. ——— du 3 idem. ———				
12.		NICOLIN, A AMIENS, A DIVERS,				
	3.	A MARCH^ses GÉN^les,				
		Divers objets.........	1604	»		
	4.	A DRAPS DE LOUVIERS,				
		4 pièces..............................	3920	»	5524	»
		40. ——— du 3 idem. ———				
	2.	DIVERS A CAISSE,				
9.		GARNOT, A PARIS,				
		M/ remise en espèces....................	337	»		
9.		NAULAY, A PARIS,				
		M/ remise en espèces..................	216	»		
9.		DUFOR, A PARIS,				
		M/ remise en espèces....................	100	»	653	»
		41. ——— du 4 idem. ———				
10.	5.	BARBIER, A PARIS, A EFFETS A RECEVOIR,				
		N° 104, sur Poitiers, 15 février..........	1000	»		
		» 110, » Beauvais, 25 avril...........	1000	»		
		» 111, » idem, 30 id............	2000	»	4000	»
		42. ——— du 4 idem. ———				
2.	10.	CAISSE A BARBIER, A PARIS,				
		Reçu à la caisse dudit..............................			4000	»
		43. ——— du 4 idem. ———				
		Reçu en commission de Cabot, à Marseille :				
		N° 7, 1 b/ grége blanche, 1er blanc, net k. 64.				
		N° 8, 1 b/ déchet, net k. 105 500.				

7.

		44. —— du 4 février 1844. ——		
8.	2.	SOIES DE CABOT A CAISSE,		
		Port des deux balles d'autre part		5 20
		45. —— du 5 idem. ——		
10		CABOT, A MARSEILLE, A DIVERS,		
	10.	A BARBIER, A PARIS,		
		Pris chez ce dernier et remis au premier,		
		N° 113, sur Marseille, 29 février...........	2000 »	
	5.	A EFFETS A PAYER,		
		Accepté :		
		N° 2, traite de Cabot, 16 mars..... 3000 »		
		» 3, idem, 31 id...... 3000 »	6000 »	8000 »
		46. —— du 6 idem. ——		
12.		MUTEAU, A LOUVIERS, A DIVERS,		
		Pris chez Opportune et adressé à Muteau,		
		N° 114, sur Louviers, 5 mai..............	2880 »	
	2.	A CAISSE,		
		Payé à Opportune........................	2865 60	
	7.	A PROFITS ET PERTES,		
		Bonification 1/2 p. %..................	14 40	2880 »
		47. —— du 8 idem. ——		
4.		SOIES A DIVERS,		
		Acheté de Nivetan et Cie, à Paris,		
		N°9, 1 b/ grége d'Esp., k. 56 500, à fr. 35 50.	2005 75	
		Payé comme suit :		
	4.	A DRAPS DE LOUVIERS,		
		1 p. bleu de roi de 40 m., à fr. 27.........	1080 »	
	2.	A CAISSE,		
		Espèces..................................	898 »	
	7.	A PROFITS ET PERTES,		
		Bonification..............................	27 75	2005 75

8.

		48. ——— du 10 février 1844. ———		
2.		CAISSE A DIVERS,		
		Vendu contre espèces à Fournier, à Paris, savoir :		
	4.	A SOIES,		
		N° 1, 1 b/ grége, Brousse, k. 94 90, à fr. 37 75.	3582 45	
		Escompte 13 p. %....................	465 65	
		Reste....................	3116 80	
		Bonification pour bon poids............	20 80	
		Net....................	3096 »	
	8.	A SOIES DE CABOT,		
		N° 8, 1 b/ déchet, k. 105 500, à fr. 3 40....	358 70	3454 70
		49. ——— du 10 idem. ———		
	2.	DIVERS A CAISSE,		
8.		DÉPENSES DOMESTIQUES,		
		Prélevé en espèces......................	300 »	
7.		FRAIS GÉNÉRAUX,		
		Payé 2 douzièmes de m/ patente..........	50 »	350 »
		50. ——— du 11 idem. ———		
4.		DRAPS DE LOUVIERS A DIVERS,		
	12.	A NICOLIN, A AMIENS,		
		Reçu en retour		
		2 p. vert foncé de 40 m., à fr. 27.........	2160 »	
	2.	A CAISSE,		
		Port................................	3 75	2163 75
		51. ——— du 12 idem. ———		
12.		DENIS, A LOUVIERS, A DIVERS,		
	5.	A EFFETS A PAYER,		
		N° 4, m/ b^et à s/ ord/, 15 mars............	3019 40	
	7.	A PROFITS ET PERTES,		
		2 p. % sur fr. 3081 », pour anticipation de réglem.	61 60	3081 »

		52. —— du 13 février 1844. ——		
11.		TRIOT, A POITIERS, A DIVERS,		
	5.	A EFFETS A RECEVOIR,		
		N° 105, retour sur Paris, échu.............	552 75	
	2.	A CAISSE,		
		Protêt et enregistrement.................	7 45	
	7.	A PROFITS ET PERTES,		
		M/ ports de lettres......................	» 80	561 »
		53. —— du 14 idem. ——		
3.	12.	MARCHses Gles A NICOLIN, A AMIENS,		
		Différence sur 20 douz. fichus figurant sur ma facture pour 1200 fr., et vendues 900 fr. par Nicolin pour m/ compte....................................		300 »
		54. —— du 15 idem. ——		
2.	5.	CAISSE A EFFETS A RECEVOIR,		
		N° 106, sur Paris, encaissé......................		740 »
		55. —— du 15 idem. ——		
5.	2.	EFFETS A PAYER A CAISSE,		
		N° 1, traite de Triot, acquittée..................		1500 »
		56. —— du 16 idem. ——		
		Reçu en common de Gerbis neveu, à Montauban :		
		N° 10, 1 b/ grége de pays, poids net k. 90.		
		N° 11, 1 b/ idem, id. 94.		
		57. —— du 16 idem. ——		
	4.	DIVERS A DRAPS DE LOUVIERS,		
		Vendu à Martin, à Paris,		
		2 p. vert foncé de 40 m., à fr. 25 ».......	2000 »	
		Dont j'ai été payé comme suit :		
5.		EFFETS A RECEVOIR,		
		N° 115, s/ bet à m/ ord/, 15 juin..........	1000 »	
2.		CAISSE,		
		Espèces................................	980 »	
7.		PROFITS ET PERTES,		
		Bonification 2 p. °/. sur 1000 fr. en espèces.	20 »	2000 »

10.

		58. ——— du 17 février 1844. ———		
4.	9.	FARINE CHEZ OZOU F[res] A FOREST, A PARIS,		
		Acheté du dernier et laissé en commission chez les premiers :		
		30 sacs de farine de Beauce, à fr. 50 » le sac.........		1500 »
		59. ——— du 19 idem. ———		
2.		CAISSE A DIVERS,		
		Reçu en espèces de Savaret, à Paris	1212 »	
		Pour me payer ce qui suit :		
	10.	A CABOT, A MARSEILLE,		
		N° 116, m/ mandat sur ledit, o/ Savaret, à vue.	1200 »	
	7.	A PROFITS ET PERTES,		
		Commission 1 p. °/o.....................	12 »	1212 »
		60. ——— du 20 idem. ———		
5.		EFFETS A RECEVOIR A DIVERS,		
		Escompté à Roquet, à Paris :		
		N° 117, sur Montauban, 20 mars.. 500 »		
		» 118, » Louviers, 31 id... 450 »	1550 »	
		» 119, » Amiens, 15 avril.. 600 »		
	2.	A CAISSE,		
		Compté en espèces à Roquet.............	1525 40	
	7.	A PROFITS ET PERTES,		
		Intérêts à 5 p. °/o.................. 9 10		
		Comm[on] 1/2 p. °/o.................. 7 75	24 60	
		Change de place 1/2 p. °/o 7 75		1550 »
		61. ——— du 20 idem. ———		
2.	9.	CAISSE A SOIES DE GERBIS NEVEU,		
		Vendu contre espèces à Protet, à Paris.		
		N° 10, 1 b/ grége de pays. k. 90. à 35 fr.....	3150 »	
		Bonification pour bon poids 1 p. °/o. 31 50	63 »	
		Courtage 1 p. °/o............... 31 50		
		Net................................		3087 »

		62. —— du 21 février 1844. ——		
5.		EFFETS A RECEVOIR A DIVERS,		
		Pris au pair à Barrière, à Paris,		
		N° 120, sur Montauban, 31 mars.........	1400 »	
		Donné en paiement, savoir :		
	5.	A EFFETS A RECEVOIR,		
		N° 115, sur Paris, 15 juin..............	1000 »	
	2.	A CAISSE,		
		En espèces...........................	400 »	1400 »
		63. —— du 21 idem. ——		
13.		GERBIS NEVEU, A MONTAUBAN, A DIVERS,		
	5.	A EFFETS A RECEVOIR,		
		N° 117, sur Montauban, 20 mars... 500 »		
		» 120, idem, 31 id..... 1400 »	1900 »	
	2.	A CAISSE,		
		Espèces	1100 »	3000 »
		64. —— du 22 idem. ——		
	5.	DIVERS A EFFETS A RECEVOIR,		
		Négocié à Napoléon Baby, à Paris,		
		N° 109, sur Beauvais, 25 avril...........	1000 »	
2.		CAISSE,		
		Reçu dudit en espèces..	987 »	
7.		PROFITS ET PERTES,		
		Intérêts à 6 p. %................. 10 50		
		Change de place 1/4 p. %......... 2 50	13 »	1000 »
		65. —— du 22 idem. ——		
9.		N. DURAND ET Cie, A PARIS, A DIVERS,		
	10.	A BARBIER, A PARIS,		
		Fr. 1000 », retour de la remise des premiers sur Poitiers, s'élevant avec frais et compte de retour à......	1022 70	
	7.	A PROFITS ET PERTES,		
		M/ ports de lettres.	1 30	1024 »

12.

		66. —— du 23 février 1844. ——		
	9.	DIVERS A N. DURAND ET Cie, A PARIS,		
5.		EFFETS A RECEVOIR,		
		No 121, sur Poitiers, à vue............... 1026 »		
2.		CAISSE,		
		Espèces............................... 8 »	1034	»
		67 —— du 23 idem. ——		
9.	7.	N. DURAND ET Cie A PROFITS ET PERTES,		
		Retard et commission en ma faveur, formant le solde de leur compte....................................	10	»
		68. —— du 24 idem. ——		
10.		BARBIER, A PARIS, A DIVERS,		
	5.	A EFFETS A RECEVOIR,		
		No 121, sur Poitiers, à vue............... 1026 »		
	2.	A CAISSE,		
		Espèces.............................. 1000 »	2026	»
		69. —— du 26 idem. ——		
1.	2.	CAPITAL A CAISSE,		
		Donné à Jules Leroy, mon neveu, à l'occasion de son mariage..	500	»
		70. —— du 27 idem. ——		
13.	5.	LOMBARD, A LYON, A EFFETS A PAYER,		
		No 5, s/ traite o/ Thiviers, 15 mars................	1500	»
		71. —— du 28 idem. ——		
8.	2.	DÉPENSES DOMESTIQUES A CAISSE,		
		Prélevé en espèces.............................	130	»
		72. —— du 29 idem. ——		
	2.	DIVERS A CAISSE,		
9.		FOREST, A PARIS,		
		Ma remise en espèces.................... 1500 »		
8.		DÉPENSES DOMESTIQUES,		
		Mon prélèvement en espèces............. 41 65		
7.		FRAIS GÉNÉRAUX,		
		Appointements de m/ commis..... 150 »		
		Ports de lettres du mois.......... 12 50 } 166 80		
		Divers menus frais.............. 4 30	1708	45

73. ——— du 1er mars 1844. ———

DIVERS A DIVERS,

Reçu de Boutard, à Paris, savoir :

5. EFFETS A RECEVOIR,

N° 122, sur Lyon, 20 mars. 1000 » } 3500 »

» 123, idem, 25 mai. 2500 » }

2. CAISSE,

Espèces .... 2510 65 } 6010 65

Pour me payer m/ facture composée comme suit :

4. A SOIES,

N° 9, 1 b/ grége d'Espagne du poids de

k. 56 500, dont il faut déduire

» 375 pour bon poids.

k. 56 125, poids net, à fr. 52... 2918 50

Escompte 10 p. % 291 85

Net 2626 65

9. A SOIES DE GERBIS NEVEU,

N° 11, 1 b/ grége de pays, k. 94, à fr. 36 » 3384 » | 6010 | 65

74. ——— du 1er idem. ———

13. 5. PONAT, A LYON, A EFFETS A RECEVOIR.

N° 122, sur Lyon, 20 mars .... | 1000 | »

75. ——— du 2 idem. ———

9. 6. SOIES DE GERBIS NEVEU A COMMISSIONS,

3 p. % sur 6471 fr. .... | 194 | 15

76. ——— du 2 idem. ———

9. 13. SOIES DE GERBIS NEVEU A GERBIS NEVEU,

Solde du premier compte .... | 6276 | 85

77. ——— du 2 idem. ———

13. 10. GERBIS Nveu, A MONTAUBAN, A BARBIER,

Pris chez le dernier et adressé au premier,

N° 124, sur Albi, à vue .... | 3276 | 85

78. ——— du 2 idem. ———

DIVERS A DIVERS,

Acheté de Th. Seguin ce qui suit d'autre part :

14.

4.		SOIES,				
		N° 12, 1 b/ rond^{lette}, k. 78, à fr. 25 50.	1989 »			
3.		MARCH^{ses} G^{les},		2216 10		
		10 p. calicot, 378 m. 50 c., à 60 c..	227 10			
		Payé comme suit :				
	5.	A EFFETS A RECEVOIR,				
		N° 119, sur Amiens, 15 avril.............		600 »		
	2.	A CAISSE,				
		Espèces.............................		1591 85		
	7.	A PROFITS ET PERTES,				
		Bonification 1 1/2 p. % sur fr. 1616 10 esp.		24 25	2216	10
		79. —— du 4 mars 1844. ——				
		DIVERS A DIVERS,				
		Reçu de Sordat, à Paris, savoir :				
5.		EFFETS A RECEVOIR,				
		N° 125, sur Paris, 15 mars........	500 »			
2.		CAISSE,				
		Espèces........................	696 15	1246 »		
7.		PROFITS ET PERTES,				
		Escompte 4 p. % sur fr. 1246.....	49 85			
		En paiement de m/ facture composée comme suit:				
	3.	A MARCH^{ses} G^{les},				
		3 douz. p. de ruban coul. sur coul., à fr. 42 »		126 »		
	4.	A DRAPS DE LOUVIERS,				
		1 p. bleu de roi de 40 mètres, à fr. 28 ».		1120 »	1246	»
		80. —— du 5 idem. ——				
13.		DUPRÉ, A MELUN, A DIVERS,				
	4.	A DRAPS DE LOUVIERS,				
		1 p. bleu de roi de 40 m., à 28 fr..	1120 »	1920 »		
		1 p. vert foncé de 40 m., à 20 fr..	800 »			
	3.	A MARCH^{ses} G^{les},				
		5 p. calicot, 192 m. 50 c. pour 192 m., à 75 c.		144 »	2064	»
		81. —— du 5 idem. ——				
3.	2.	MARCH^{ses} G^{les} A CAISSE,				
		Remboursé à Sordat, à Paris,				
		6 p. de ruban tachées dans m/ magasin.............			21	»

Folio débit	Folio crédit	Libellé	Détail	Total fr.	Total c.
		82. ——— du 6 mars 1844. ———			
10.	1.	BARBIER, A PARIS, A CAPITAL,			
		Versé à sa caisse..................................		8400	»
		83. ——— du 7 idem. ———			
10.	4.	BARBIER, A PARIS, A SOIES,			
		Remis audit Barbier,			
		N° 126, m/ mandat sur Amiens, 2 jours vue.	2793 60		
		Que j'ai tiré sur Janet frères et Cie en paiement de :			
		N° 3, 1 b/ grége, Perse, fine, k. 90, à fr. 32.	2880 »		
		Escompte 3 p. °/₀.......................	86 40		
		Net..................................		2793	60
		84. ——— du 8 idem. ———			
9.		BOUTARD, A PARIS, A DIVERS,			
		Protêt et compte de retour à fr. 2500 », N° 123, sa remise sur Lyon protestée faute d'acceptation...	65 65		
	13.	A PONAT, A LYON,			
		Son avoir sur led. compte de retour..........	52 85		
	7.	A PROFITS ET PERTES,			
		Moitié de la perte à la négociation de la retraite.	12 80	65	65
		85. ——— du 9 idem. ———			
2.		CAISSE A DIVERS,			
		Reçu en espèces de Boutard...............	2565 65		
	5.	A EFFETS A RECEVOIR,			
		Rendu audit Boutard,			
		N° 123, s/ traite sur Lyon, protestée........	2500 »		
	9.	A BOUTARD, A PARIS,			
		Solde de son compte.....................	65 65	2565	65
		86. ——— du 9 idem. ———			
	13.	DIVERS A DUPRÉ, A MELUN,			
		Soldé le compte dudit par suite de son refus de prendre livraison de m/ envoi du 5 courant s'élevant à..	2064 »		

16.

14.		VILCOQ, A MELUN,		
		Montant de m/ envoi d'autre part qu'il a pris pour son compte....... 2064 »		
		Sauf rabais de 2 fr. par mètre sur 80 mètres de drap.............. 160 »		
		Net....................	1904 »	
4.		DRAPS DE LOUVIERS,		
		Rabais ci-dessus........................	160 »	2064 »
		87. ——— du 10 mars 1844. ———		
14.	13.	RUETTE, A PARIS, A PONAT, A LYON,		
		Espèces comptées par le dernier au premier..........		3000 »
		88. ——— du 11 idem. ———		
9.	10.	JANET F^res ET Cie, A AMIENS, A BARBIER,		
		Retour de m/ mandat sur les premiers.....	2793 60	
		Ports de lettres de Barbier..............	» 80	2794 40
		89. ——— du 12 idem. ———		
5.		EFFETS A RECEVOIR A DIVERS,		
		Reçu de Janet frères et Cie,		
		Nº 127, leur billet à m/ ord/, 5 juin	2880 »	
	4.	A SOIES,		
		Reprise de l'escompte alloué sur m/f^re du 5 c^t.	86 40	
	9.	A JANET FRÈRES ET Cie, A AMIENS,		
		Annulation de m/ mandat s/ eux...........	2793 60	2880 »
		90. ——— du 12 idem. ———		
7.	9.	PROFITS ET PERTES A JANET F^res ET Cie,		
		Pris pour m/ compte les ports de lettres de Barbier....		» 80
		91. ——— du 13 idem. ———		
		DIVERS A DIVERS,		
		Reçu de Sordat, à Paris, savoir :		
5.		EFFETS A RECEVOIR,		
		Nº 128, b^et Rapin, à Paris, 15 avril. 500 »		
2.		CAISSE,	505 »	
		En espèces..................... 5 »		

	5.	A EFFETS A RECEVOIR,			
		Rendu audit Sordat,			
		N° 125, b^et Rapin, à Paris, 15 mars........	500 »		
	7.	A PROFITS ET PERTES,			
		Retard et commission........................	5 »	505	»
		92. — du 15 mars 1844. —			
5.	2.	EFFETS A PAYER — A CAISSE,			
		N° 5, traite Lombard....................	1500 »		
		» 4, m/ b^et o/ Denis..................	3019 40	4519	40
		93. — du 16 idem. —			
		DIVERS — A DIVERS,			
5.		EFFETS A PAYER,			
		Reçu de Jeanson, à Paris,			
		N° 2, traite de Cabot, échue ce jour. 3000 »			
7.		PROFITS ET PERTES,	3046 »		
		Intérêts de 81 jours et comm^on sur l'effet ci-dessous remis à Jeanson..... 46 »			
		Remis en échange à Jeanson, savoir :			
	5.	A EFFETS A RECEVOIR,			
		N° 127, sur Amiens, 5 juin..............	2880 »		
	2.	A CAISSE,			
		En espèces..............................	166 »	3046	»
		94. — du 17 idem. —			
14.		RUETTE, A PARIS, — A DIVERS,			
	13.	A PONAT, A LYON,			
		Compté par le dernier au premier... 3000 »	3060 »		
		C^on et avance de fonds, 1 % s/ 6000 fr. 60 »			
	7.	A PROFITS ET PERTES,			
		M/ commission 1/2 p. % sur fr. 6000 »..	30 »	3090	»
		95. — du 18 idem. —			
2.	14.	CAISSE — A RUETTE, A PARIS,			
		Reçu dudit en espèces........................		6090	»
		96. — du 19 idem. —			
9.	4.	OZOU F^res, A PARIS, — A FARINE CHEZ OZOU F^res,			
		Produit net de 30 sacs de farine de Beauce.........		1403	70

18.

Fo.	Fo.	Articles	Fr.	c.
		97. ——— du 19 mars 1844. ———		
7.	4.	PROFITS ET PERTES A FARINE CHEZ OZOU Fres,		
		Solde du dernier compte........................	96	30
		98. ——— du 20 idem. ———		
2.	8.	CAISSE A SOIES DE CABOT,		
		Vendu contre espèces à Barbey, à Paris,		
		N° 7, 1 b/ grége blanche, 1er blanc, k. 64,		
		à fr. 99 »............................... 6336 »		
		Escompte 13 p. %............. 823 70 } 824 »		
		Centimes retenus............... » 30 }		
		Net..............................	5512	»
		99. ——— du 20 idem. ———		
8.	6.	SOIES DE CABOT A COMMISSIONS,		
		M/ Common à 2 p. % sur fr. 5870 70....... 117 40		
		Ducroire 1 p. %...................... 58 70	176	10
		100. ——— du 20 idem. ———		
8.	10.	SOIES DE CABOT A CABOT, A MARSEILLE,		
		Produit net de 2 b/ soie, valeur de ce jour..........	5689	40
		101. ——— du 21 idem. ———		
9.		HUILE DE ROBERT A DIVERS,		
	14.	A ROBERT, A MARSEILLE,		
		120 ton. huile de colza, à fr. 117 », *prix fixe*, 14040 »		
	2.	A CAISSE,		
		Port.................................. 54 »	14094	»
		102. ——— du 21 idem. ———		
		DIVERS A DIVERS,		
		Reçu de Denis les marchses ci-dessous :		
3.		MARCHses Gles,		
		6 douz. caleçons, à fr. 42.. 252 » } 360 »		
		12 douz. bonnets, à fr. 9.. 108 » }		
4.		DRAPS DE LOUVIERS,		
		5 p. bleu de roi, 194 m., à fr. 20.. 3880 » } 4690 »		
12.		DENIS, A LOUVIERS,		
		Ma remise sur Louviers, à valoir... 450 »		

	12.	A DENIS, A LOUVIERS,		
		Montant de sa facture d'autre part.........	4240 »	
	5.	A EFFETS A RECEVOIR,		
		N° 118, sur Louviers, 31 mars............	450 »	4690 »
		103. — du 22 mars 1844. —		
		DIVERS A DIVERS,		
		Reçu de Cornier le vin et l'effet ci-dessous :		
8.		DÉPENSES DOMESTIQUES,		
		100 bout. vin de Bordeaux, à fr. 1 50. 150 »		
5.		EFFETS A RECEVOIR,		
		N° 129, sur Paris, 25 mars........ 500 »	1706 70	
14.		CORNIER, A DIJON,		
		M/facture ci-dessous détaillée 1056 70		
	4.	A DRAPS DE LOUVIERS,		
		1 p. vert foncé de 40 m., à fr. 22..........	880 »	
	3.	A MARCH^ses^ G^les^,		
		5 p. calicot, 186 m., à 95 c..............	176 70	
	14.	A CORNIER, A DIJON,		
		Le vin et l'effet ci-dessus	650 »	1706 70
		104. — du 23 idem. —		
2.	9.	CAISSE A OZOU FRÈRES, A PARIS,		
		Reçu desdits en espèces..........................		1403 70
		105. — du 25 idem. —		
3.		MARCH^ses^ G^les^ A DIVERS,		
		Acheté de Féroux, à Paris,		
		82 p. toile de Hollande, 3200 m., à fr. 6 25.	20000 »	
		Payé comme suit :		
	9.	A HUILE DE ROBERT,		
		120 ton., à fr. 117 »......................	14040 »	
	2.	A CAISSE,		
		Compté en espèces...................... ..	5781 20	
	7.	A PROFITS ET PERTES,		
		3 % sur 5960 fr., solde en espèces.......	178 80	20000 »

20.

		106. —— du 25 mars 1844. ——			
9.		HUILE DE ROBERT A DIVERS,			
	2.	A CAISSE,			
		Magasinage payé en espèces...............	24 »		
	6.	A COMMISSIONS,			
		Ma comm^on^ à 4 p. °/₀ sur 14040 fr........	561 60	585	60
		107. —— du 25 idem. ——			
14.	9.	ROBERT, A MARSEILLE, A HUILE DE ROBERT,			
		Solde du dernier compte..........................		639	60
		108. —— du 26 idem. ——			
	4.	DIVERS A DRAPS DE LOUVIERS,			
		Vendu à Huard, à Paris,			
		5 p. bleu de roi, 194 m., à fr. 24 50.......	4753 »		
		Reçu en paiement, savoir :			
10.		CABOT, A MARSEILLE,			
		Traite dudit ord/ Huard sur moi, 31 mars..	4000 »		
3.		CAISSE,			
		En espèces..............................	753 »	4753	»
		109. —— du 27 idem. ——			
13.	3.	PONAT, A LYON, A CAISSE,			
		Acquitté sa traite, à 8 jours de vue, de..............		5112	85
		110. —— du 28 mars 1844. ——			
14.		CORNIER, A DIJON, A DIVERS,			
	5.	A EFFETS A RECEVOIR,			
		N° 129, Retour sur Paris, échu............	500 »		
	3.	A CAISSE,			
		Frais judiciaires et papier timbré.........	14 35		
	7.	A PROFITS ET PERTES,			
		Bénéfice sur le compte de retour........	11 40	525	75
		111. —— du 29 idem. ——			
7.	11	PROFITS ET PERTES A TRIOT, A POITIERS,			
		Abandon de 50 p. °/₀ sur le solde de s/ compte.......		384	15

		112. —— du 30 mars 1844. ——			
	3.	DIVERS A CAISSE,			
5.		EFFETS A PAYER,			
		N° 3, traite de Cabot, 31 mars............		3000 »	
6.		EMBALLAGE,			
		Payé la note de l'emballeur..............		36 80	
7.		FRAIS GÉNÉRAUX,			
		1 douzième échu de la patente.....	25 »	198 20	
		Appointements de m/ commis.....	150 »		
		Ports de lettres du mois..........	16 80		
		Divers menus frais...............	6 40		
8.		DÉPENSES DOMESTIQUES,			
		M/ prélèvement en espèces...............		400 »	3635 »
		113. —— du 30 idem. ——			
7.	3.	PROFITS ET PERTES A CAISSE,			
		Déficit trouvé en faisant m/ caisse..................			75 »
		114. —— du 31 idem. ——			
8.	13.	CRÉANCES DOUTEUSES A LOMBARD, A LYON,			
		Balance du dernier compte			1500 »
		115. —— du 31 idem. ——			
	6.	DIVERS A LOYER A PAYER,			
7.		FRAIS GÉNÉRAUX,			
		1 terme échu ce jour du loyer de m/ magasin.		450 »	
8.		DÉPENSES DOMESTIQUES,			
		1 terme échu du loyer de m/ appartements...		150 »	600 »
		116. —— du 31 idem. ——			
7.		PROFITS ET PERTES A DIVERS,			
	10.	A GABARROT, A PARIS.			
		3 mois d'intérêts à 5 p. % l'an sur 12000 fr...		150 »	
	10.	A BARBIER, A PARIS.			
		Change de place et comm^on suivant s/ c^te c^t..		53 55	
	1.	A MOBILIER,			
		2 1/2 p. % sur 384 fr., pour dépréciation du mobilier pendant le trimestre...............		9 60	213 15

22.

		117. —— du 31 mars 1844. ——			
	7.	DIVERS A PROFITS ET PERTES,			
10.		BARBIER, A PARIS,			
		Intérêts en m/ faveur suivant s/ c^{te} c^{t}........	59 05		
10.		CABOT, A MARSEILLE,			
		Intérêts en m/ faveur suivant s/ c^{te} c^{t}. 86 30			
		Comm^{on} 1/2 p. °/$_{o}$ sur fr. 2000, ma remise sur Marseille............... 10 "	96 30	155	35

Folio Débit	Folio Crédit	Libellé	Sommes partielles	Totaux
		1. ——— du 31 mars 1844. ———		
	7.	DIVERS A PROFITS ET PERTES,		
3.		MARCHses Gles,		
		M/ bénéfices	77 10	
4.		SOIES,		
		M/ bénéfices	3039 35	
4.		DRAPS DE LOUVIERS,		
		M/ bénéfices	2189 25	
6.		COMMISSIONS,		
		Solde dud. compte	1352 10	6657 80
		2. ——— du 31 idem. ———		
7.		PROFITS ET PERTES A DIVERS,		
	6.	A EMBALLAGE,		
		Solde dud. compte	52 80	
	7.	A FRAIS GÉNÉRAUX,		
		Solde dud. compte	1116 45	
	8.	A DÉPENSES DOMESTIQUES,		
		Solde dud. compte	1421 65	
	1.	A CAPITAL,		
		M/ bénéfices nets formant le solde du compte de profits et pertes	3738 70	6329 60
		3. ——— du 31 idem. ———		
		DIVERS, *Ctes Nouveaux*, A EUX-MÊMES, *Ctes Anciens*,		
1.	1.	LOYER PAYÉ PAR AVANCE,		
		Solde dudit compte	900 »	
1.	1.	MOBILIER,		
		Divers meubles et ustensiles	374 40	
3.	3.	CAISSE,		
		Espèces en caisse	1738 50	
3.	3.	MARCHses Gles,		
		Marchandises en Magasin :		
		6 douz. caleçons, à 42 fr. 252 »		
		12 douz. bonnets de coton, à fr. 9. 108 »	20360 »	
		3200 m. toile de Hollande à fr. 6 25. 20000 »		
		Reporté...	23372 90	

3.

		Report...	23372 90		
4.	4.	SOIES,			
		Soies en magasin :			
		1 b/ rondelette, 78 kil., à fr. 25 50........	**1989 »**		
5.	5.	EFFETS A RECEVOIR,			
		Valeur en portefeuille :			
		N° 128, s/ Paris, 15 avril..................	500 »		
8.	8.	CRÉANCES DOUTEUSES,			
		Solde du compte de Lombard.............	1500 »		
10.	10.	BARBIER, A Paris,			
		Solde dud. compte........................	13681 75		
11.	11.	TRIOT, A POITIERS,			
		Solde dud. compte......................	384 10		
11.	11.	BARBEY, A PARIS,			
		Solde dud. compte......................	5888 »		
12.	12.	NICOLIN, A AMIENS,			
		Solde dud. compte......................	3064 »		
14.	14.	VILCOQ, A MELUN,			
		Solde dud. compte.....................	1904 »		
14.	14.	CORNIER, A DIJON,			
		Solde dud. compte......................	932 45	53216	20
		4. ———— du 31 idem. ————			
		DIVERS, *C^tes^ Anciens*, A EUX-MÊMES, *C^tes^ Nouveaux*,			
6.	6.	LOYER A PAYER,			
		Solde dud. compte........................	600 »		
10.	10.	GABARROT, A PARIS,			
		Solde dud. compte......................	12150 »		
10.	10.	CABOT, A MARSEILLE,			
		Solde dud. compte	3528 95		
12.	12.	DENIS, A LOUVIERS,			
		Solde dudit compte........................	3790 »		
14.	14.	ROBERT, A MARSEILLE,			
		Solde dud. compte	13400 40		
1.	1.	CAPITAL,			
		Solde présentant m/ actif net............	**19746 85**	53216	20

GRAND LIVRE

DE

MUNIER, A PARIS.

F° 1.

Doit.

CAPITAL.

1844							
Février	26	à CAISSE,	donné à mon neveu...........	12	2	500	»
Mars..	31	» Cte NOUVEAU,	solde à nouveau.............	2	1	19746	85
						20246	85

Doit.

LOYER PAYÉ

1844							
Janvier	2	à CAISSE,	payé 6 mois................	1	2	900	»

Doit.

MOBILIER.

1844							
Janvier	2	à JAVEL,	bureau, casier, comptoir, rayons.	1	9	164	»
	4	» CAISSE,	caisse ou coffre-fort..........	1	2	120	»
	»	» DUFOR,	un calorifère...............	1	9	100	»
						384	»
Avril..	1	à Cte ANCIEN,	valeur du mobilier...........	1	1	374	40

F° 1.

CAPITAL. Avoir.

1844							
Janvier	1	par Soies,	4 balles....................	1	4	8108	15
Mars...	6	» Barbier,	versé à sa caisse.............	15	10	8400	»
	31	» Profits et pertes,	m/ bénéfices nets...........	1	7	3738	70
						20246	85
Avril..	1	par Cte ancien,	solde ancien................	2	1	19746	85

PAR AVANCE. Avoir

MOBILIER. Avoir.

1844							
Mars..	31	par Profits et pertes,	2 1/2 %, dépréciation de 3 mois.	21	7	9	60
	»	» Cte nouveau,	solde à nouveau..............	1	1	374	40
						384	»

F° 2.

Doit. CAISSE.

1844							
Janvier	1	à Gabarrot,	reçu dudit en espèces........	1	10	12000	»
	6	» Profits et pertes,	boni trouvé en faisant la caisse...	2	7	50	»
	30	» Commissions,	reçu de Paul Bérard et Cie......	5	6	88	»
Février	4	» Barbier,	reçu à sa caisse.....	6	10	4000	»
	10	» Divers,	reçu m/ facture à Fournier.....	8	»	3454	70
	15	» Effets à recevoir,	encaissé le N° 106...........	9	5	740	»
	16	» Draps de Louviers,	reçu de Martin.............	9	4	980	»
	19	» Divers,	reçu de Savaret.............	10	»	1212	»
	20	» Soies de Gerbis neveu,	net de m/ facture à Protêt......	10	9	3087	»
	22	» Effets à recevoir,	reçu de Napoléon Baby........	11	5	987	»
	23	» N. Durand et Cie,	reçu desdits.................	12	9	8	»
Mars..	1	» Divers,	reçu de Boutard............	13	»	2510	65
	4	» Idem,	reçu de Sordat.............	14	»	696	15
	9	» Idem,	reçu de Boutard............	15	»	2565	65
	13	» Idem,	reçu de Sordat..............	16	»	5	»
	18	» Ruette,	reçu dudit........	17	14	6090	»
	20	» Soies de Cabot,	reçu m/ facture à Barbey.......	18	8	5512	»
	23	» Ozou frères,	reçu desdits................	19	9	1403	70
			Reporté F° 3..............	..	..	45389	85

F° 2.

CAISSE. Avoir.

1844							
Janvier	2	par BARBIER,	m/ versement à sa caisse.......	1	10	90	»
	»	» LOYER PAR AVANCE,	payé 6 mois................	1	1	900	»
	3	» FRAIS GÉNÉRAUX,	3 stères de bois............	1	7	90	25
	4	» MOBILIER,	prix d'une caisse ou coffre-fort..	1	1	120	»
	5	» DÉPENSES DOMEST.,	prélevé en espèces...........	2	8	250	»
	8	» PROFITS ET PERTES,	contrepassé l'art. du 6 courant...	2	7	50	»
	13	» JAVEL.	payé audit	3	9	164	»
	20	» EMBALLAGE,	payé à l'emballeur...........	3	6	16	»
	22	» SOIES DE CABOT,	port de 2 balles............	4	8	6	90
	25	» MARCH^es^ GÉNÉR^les^,	port de march^es^ en retour......	4	3	4	50
	31	» FRAIS GÉNÉRAUX,	divers frais................	5	7	161	20
Février	3	» DIVERS,	payé à divers...............	6	»	653	»
	4	» SOIES DE CABOT,	port de 2 balles.............	7	8	5	20
	6	» MUTEAU,	payé à Opportune............	7	12	2865	60
	8	» SOIES,	compté à Nivetan et Cie.......	7	4	898	»
	10	» DIVERS,	dépenses et frais............	8	»	350	»
	11	» DRAPS DE LOUVIERS,	port de 2 pièces.............	8	4	3	75
	13	» TRIOT,	protêt et enregistrement.......	9	11	7	45
	15	» EFFETS A PAYER,	acquitté le N° 1..............	9	5	1500	»
	20	» EFFETS A RECEVOIR,	compté à Roquet.............	10	5	1525	40
	21	» IDEM,	idem à Barrière..............	11	5	400	»
	»	» GERBIS neveu,	m/ envoi en espèces..........	11	13	1100	»
	24	» BARBIER,	versé à sa caisse............	12	10	1000	»
	26	» CAPITAL,	donné à m/ neveu............	12	1	500	»
	28	» DÉPENSES DOMEST.,	prélevé en espèces...........	12	8	130	»
	29	» DIVERS,	divers objets...............	12	»	1708	45
Mars..	2	» IDEM,	compté à Thomas Seguin......	14	»	1591	85
	5	» MARCH^es^ GÉNÉR^les^,	remboursé 6 p. ruban.........	14	3	21	»
	15	» EFFETS A PAYER,	acquitté les N°s 5 et 4........	17	5	4519	40
	16	» DIVERS,	remis à Jeanson.............	17	»	166	»
	21	» HUILE DE ROBERT,	port de 120 tonnes...........	18	9	54	»
	25	» MARCH^es^ GÉNÉR^les^,	payé à Féroux...............	19	3	5781	20
	»	» HUILE DE ROBERT,	magasinage................	20	9	24	»
			Reporté F° 3...............	..	..	35567	15

F° 3.

Doit. CAISSE.

1844			Report du F° 2............	..	..	45389	85
Mars..	26	à DRAPS DE LOUVIERS,	reçu de Huard	20	4	753	»
						46142	85
Avril..	1	à Cie ANCIEN,	espèces en caisse............	1	3	1738	50

Doit. MARCHANDISES

1844							
Janvier	9	à EFFES A RECEVOIR,	20 douz. fichus..............	2	5	1000	»
	25	» BARBIER,	retour des 20 d. fichus ci-dessus.	4	10	1200	»
	»	» CAISSE,	port du retour ci-dessus.......	4	2	4	50
Février	1	» DIVERS,	diverses factures............	5	»	553	»
	»	» DENIS,	5 p. drap..................	5	12	4400	»
	14	» NICOLIN,	différence sur 20 douz. fichus..	9	12	300	»
Mars..	2	» DIVERS,	10 p. calicot..............	14	»	227	10
	5	» CAISSE,	remboursé 6 p. ruban.........	14	2	21	»
	21	» DIVERS,	diverses marchandises.........	18	»	360	»
	25	» IDEM,	82 p. de toile de Hollande......	19	»	20000	»
	31	» PROFITS ET PERTES,	m/ bénéfices..............	1	7	77	10
						28142	70
Avril..	1	à Cie ANCIEN,	marchandises en magasin.....	1	3	20360	»

F° 3.

CAISSE. **Avoir.**

1844			Report du F° 2	..	..	35567	15
Mars. .	27	par Ponat,	acquitté s/ traite	20	13	5112	85
	28	» Cornier,	frais judiciaires et papier timbré.	20	14	14	35
	30	» Divers,	divers objets	21	»	3635	»
	»	» Profits et pertes,	déficit trouvé en faisant la caisse.	21	7	75	»
	31	» Cte nouveau,	espèces en caisse	1	3	1738	50
						46142	85

GÉNÉRALES. **Avoir.**

1844							
Janvier	15	par Effets à recevoir,	20 douz. fichus	3	5	1200	»
Février	1	» Denis,	3 douz. p. de ruban	5	12	132	»
	2	» Draps de Louviers,	5 p. de drap	6	4	4400	»
	3	» Nicolin,	divers objets	6	12	1604	»
Mars. .	4	» Divers,	3 douz. p. de ruban	14	»	126	»
	5	» Dupré,	5 p. de calicot	14	13	144	»
	22	» Divers,	5 idem	19	»	176	70
	31	» Cte nouveau,	marchandises en magasin	1	3	20360	»
						28142	70

F° 4.

Doit. SOIES.

1844							
Janvier	1	à CAPITAL,	4 balles.....................	1	1	8108	15
Février	8	» DIVERS,	1 id	7	»	2005	75
Mars..	2	» IDEM,	1 id	14	»	1989	»
	31	» PROFITS ET PERTES,	m/ bénéfices..................	1	7	3039	35
						15142	25
Avril..	1	à Cte ANCIEN,	soies en magasin.............	2	4	1989	»

Doit. DRAPS DE

18							
Février	2	à DIVERS,	9 pièces.....................	6	»	7280	»
	11	» IDEM,	retour de 2 pièces et port	8	»	2163	75
Mars..	9	» DUPRÉ,	rabais.......................	16	13	160	»
	21	» DIVERS,	5 pièces.....................	18	»	3880	»
	31	» PROFITS ET PERTES,	m/ bénéfices..................	1	7	2189	25
						15673	»

Doit. FARINE CHEZ

1844							
Février	17	à FOREST,	30 sacs, Beauce.............	10	9	1500	»
						1500	»

SOIES. Avoir.

1844							
Janvier	5	par BERTET,	1 balle....................	2	11	2424	80
	17	» DENTUT,	1 id....................	3	11	2125	80
Février	10	» CAISSE,	1 id....................	8	2	3096	»
Mars..	1	» DIVERS,	1 id....................	13	»	2626	65
	7	» BARBIER,	1 id....................	15	10	2793	60
	12	» EFFETS A RECEVOIR,	reprise d'un escompte.........	16	5	86	40
	31	» Cte NOUVEAU,	soies en magasin............		4	1989	»
						15142	25

LOUVIERS. Avoir.

1844							
Février	3	par NICOLIN,	4 pièces....................	6	12	3920	»
	8	» SOIES,	1 id....................	7	4	1080	»
	16	» DIVERS,	2 id....................	9	»	2000	»
Mars..	4	» IDEM,	1 id....................	14	»	1120	»
	5	» DUPRÉ,	2 id....................	14	13	1920	»
	22	» DIVERS,	1 id....................	19	»	880	»
	26	» IDEM,	5 id....................	20	»	4753	»
						15673	»

OZOU FRÈRES. Avoir.

1844							
Mars..	19	par Ozou frères,	30 sacs, Beauce............	17	9	1403	70
	»	» PROFITS ET PERTES,	solde....................	18	7	96	30
						1500	»

F° 5.

Doit. EFFETS

1844							
Février	15	à Caisse,	N° 1, acquitté	9	2	1500	»
Mars..	15	» Idem,	» 5, 4, acquittés...........	17	2	4519	40
	16	» Divers,	» 2, acquitté	17	»	3000	»
	30	» Caisse,	» 3, idem...................	21	3	3000	»
						12019	40

Doit. EFFETS

1844							
Janvier	8	à Bertet,	N°s 101, 102, 103, Valenciennes	2	11	2424	80
	11	» Effets a recevoir,	» 104, sur Poitiers.........	2	5	1000	»
	13	» Triot,	» 105, 106, sur Paris......	3	11	1292	75
	15	» March^es^ génér^les^,	» 107, sur Dôle	3	3	1200	»
	23	» Soies de Cabot,	» 109, 110, 111, 112, Beauvais	4	8	5187	»
Février	16	» Draps de Louviers,	» 115, sur Paris...........	9	4	1000	»
	20	» Divers,	» 117, 118, 119, sur divers..	10	»	1550	»
	21	» Idem,	» 120, sur Montauban.......	11	»	1400	»
	23	» N. Durand et Cie,	» 121, sur Poitiers.........	12	9	1026	»
Mars..	1	» Divers,	» 122, 123, sur Lyon.......	13	»	3500	»
	4	» Idem,	» 125, sur Paris...........	14	»	500	»
	12	» Idem,	» 127, sur Amiens.........	16	»	2880	»
	13	» Idem,	» 128, sur Paris...........	16	»	500	»
	22	» Idem,	» 129, sur id.............	19	»	500	»
						23960	55
Avril..	1	à Cte ancien	N° 128, en portefeuille........	2	5	500	»

A PAYER. **Avoir.**

1844							
Janvier	12	par Triot,	N° 1, s/ traite à s/ ord/.......	2	11	1500	»
Février	5	» Cabot,	» 2, 3, s/ traites à s/ ord/. ...	7	10	6000	»
	12	» Denis,	» 4, m/ billet à s/ ord/.......	8	12	3019	40
	27	» Lombard,	» 5, s/ traite o/ Thiviers......	12	13	1500	»
						12019	40

A RECEVOIR. **Avoir.**

1844							
Janvier	9	par March^es génér^les,	N° 101, sur Valenciennes	2	3	1000	»
	11	» Effets a recevoir,	» 102, idem	2	5	1000	»
	16	» Barbier,	» 107, 103, sur divers.......	3	10	1624	80
Février	1	» Denis,	» 112, sur Beauvais.........	5	12	1187	»
	4	» Barbier,	» 104, 110, 111, sur divers...	6	10	4000	»
	13	» Triot,	» 105, sur Paris, rendu......	9	11	552	75
	15	» Caisse,	» 106, encaissé	9	2	740	»
	21	» Effets a recevoir,	» 115, sur Paris.	11	5	1000	»
	»	» Gerbis neveu,	» 117, 120, sur Montauban...	11	13	1900	»
	22	» Divers,	» 109, sur Beauvais.........	11	»	1000	»
	24	» Barbier,	» 121, sur Poitiers..........	12	10	1026	»
Mars..	1	» Ponat,	» 122, sur Lyon............	13	13	1000	»
	2	» Divers,	» 119, sur Amiens..........	14	»	600	»
	9	» Caisse,	» 123, sur Lyon............	15	2	2500	»
	13	» Divers,	» 125, sur Paris............	17	»	500	»
	16	» Idem,	» 127, sur Amiens..........	17	»	2880	»
	21	» Idem,	» 118, sur Louviers.........	19	»	450	»
	28	» Cornier,	» 129, sur Paris, rendu......	20	14	500	»
	31	» Cte nouveau,	» 128, valeur en portefeuille. .	2	5	500	»
						23960	55

F° 6.

Doit. COMMISSIONS.

1844							
Mars. .	31	à PROFITS ET PERTES, solde........................	1	7	1352	10
					1352	10

Doit. EMBALLAGE.

1844						
Janvier	20	à CAISSE, payé à l'emballeur	3	2	16	»
Mars. .	30	» IDEM, idem........................	21	3	36	80
					52	80

Doit. LOYER

F° 6.

COMMISSIONS. Avoir.

1844							
Janvier	30	par Soies de Cabot,	3 p. °/₀ sur 11075 fr.	5	8	332	25
	»	» Caisse,	1 p. °/₀ sur 20 p. peluche......	5	2	88	»
Mars. .	2	» Soies de Gerbis neveu,	3 p. °/₀ sur 6471 fr.	13	9	194	15
	20	» Soies de Cabot,	3 p. °/₀ sur 5870 fr. 70 c.	18	8	176	10
	25	» Huile de Robert,	4 p. °/₀ sur 14040 fr.	20	9	561	60
						1352	10

EMBALLAGE. Avoir.

1844							
Mars. .	31	par Profits et pertes,	solde	1	7	52	80
						52	80

A PAYER. Avoir.

1844							
Mars. .	31	par Divers,	1 terme échu	21	»	600	»

N° 7.

Doit. PROFITS

1844							
Janvier	8	à Caisse,	contrepassé l'art. ci-contre.....	2	2	50	»
Février	16	» Draps de Louviers,	bonification..................	9	4	20	»
	22	» Effets a recevoir,	perte à la négociation.........	11	5	13	»
Mars..	4	» Divers,	escompte..................	14	»	49	85
	12	» Janet f^res^ et Cie,	ports de lettres..............	16	9	»	80
	16	» Divers,	intérêts et commission........	17	»	46	»
	19	» Farine chez Ozou f^res^,	solde dudit compte...........	18	4	96	30
	29	» Triot,	abandon de 50 p. %..........	20	11	384	15
	30	» Caisse,	déficit trouvé en faisant la caisse.	21	3	75	»
	31	» Divers,	divers objets................	21	»	213	15
	»	» Idem,	articles d'inventaire..........	1	»	6329	60
						7277	85

Doit. FRAIS

1844							
Janvier	3	à Caisse,	3 stères de bois..............	1	2	90	25
	31	» Idem,	divers objets................	5	2	161	20
Février	10	» Idem,	2 douzièmes de m/ patente......	8	2	50	»
	29	» Idem,	divers objets................	12	2	166	80
Mars...	30	» Idem,	idem.....................	21	3	198	20
	31	» Loyer a payer,	1 terme du loyer de m/ magasin.	21	6	450	»
						1116	45

ET PERTES.

1844							
Janvier	6	par Caisse,	boni trouvé en faisant la caisse..	2	2	50	»
Février	6	» Muteau,	bonification................	7	12	14	40
	8	» Soies,	idem.....................	7	4	27	75
	12	» Denis,	2 p. % sur 3081 fr..........	8	12	61	60
	13	» Triot,	ports de lettres..............	9	11	»	80
	19	» Caisse,	commission.................	10	2	12	»
	20	» Effets a recevoir,	escompte...................	10	5	24	60
	22	» N. Durand et Cie,	ports de lettres..............	11	9	1	30
	23	» Idem,	retard et commission.........	12	9	10	»
Mars..	2	» Divers,	bonification................	14	»	24	25
	8	» Boutard,	1/2 de la perte à la retraite....	15	9	12	80
	13	» Divers,	retard et commission..........	17	»	5	»
	17	» Ruette,	commission.................	17	14	30	»
	25	» Marches Génér^les,	3 p. % sur 5960 fr...........	19	3	178	80
	28	» Cornier,	bénéfice sur un compte de retour.	20	14	11	40
	31	» Divers,	intérêts et commission........	22	»	155	35
	»	» Idem,	articles d'inventaire.........	1	»	6657	80
						7277	85

GÉNÉRAUX. Avoir.

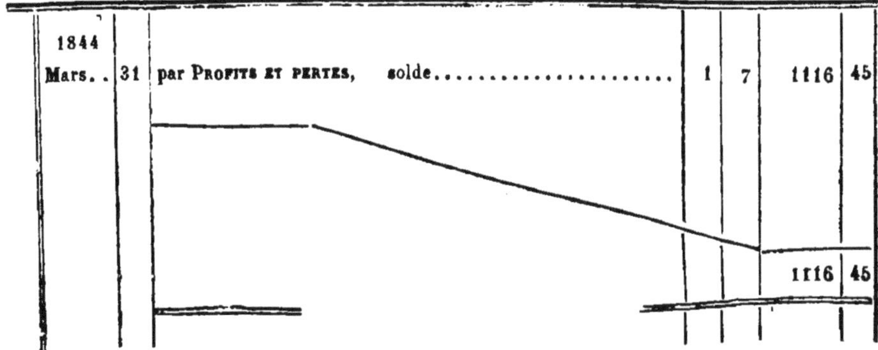

1844							
Mars..	31	par Profits et pertes,	solde......................	1	7	1116	45
						1116	45

F° 8.

Doit. DÉPENSES

1844							
Janvier	5	à Caisse,	prélevé en espèces............	2	2	250	»
Février	10	» Idem,	idem.....................	8	2	300	»
	28	» Idem,	idem.....................	12	2	130	»
	29	» Idem,	idem.....................	12	2	41	65
Mars. .	22	» Divers,	100 bouteilles vin de Bordeaux.	19	»	150	»
	30	» Caisse,	prélevé en espèces............	21	3	400	»
	31	» Loyer à payer,	1 terme du loyer de m/ appartem[ts]	21	6	150	»
						1421	65

Doit. CRÉANCES

1844							
Mars. .	31	par Lombard,	balance de son compte........	21	13	1500	»

Doit. SOIES

1844							
Janvier	22	à Caisse,	port de 2 balles..............	4	2	6	90
	30	» Commissions,	commission et ducroire........	5	6	332	25
	»	» Cabot,	produit net des 2 balles ci-contre.	5	10	10735	85
						11075	»
Février	4	à Caisse,	port de 2 balles.	7	2	5	20
Mars. .	20	» Commissions,	commission et ducroire........	18	6	176	10
	»	» Cabot,	produit net des 2 balles ci-contre.	18	10	5689	40
						5870	70

F° 8.

DOMESTIQUES. — Avoir.

1844						
Mars. .	31	par Profits et pertes, solde	1	7	1421	65
					1421	65

DOUTEUSES. — Avoir.

DE CABOT. — Avoir.

1844							
Janvier	23	par Effets a recevoir,	1 balle cordonnet et floche......	4	5	5187	»
	29	» Barbey,	1 balle mi-perlée, Brousse.....	4	11	5888	»
						11075	»
Février	10	par Caisse,	1 balle déchet...............	8	2	358	70
Mars. .	20	» Idem,	1 balle grége blanche, 1er blanc.	18	2	5512	[illegible]
						5870	70

f° 9.

Doit. SOIES

1844							
Mars. .	2	à COMMISSIONS,	3 p. % sur 6471 fr.	13	6	194	15
	»	» GERBIS neveu,	solde	13	13	6276	85
						6471	»

Doit. HUILE

1844							
Mars. .	21	à DIVERS,	120 ton. et port.............	18	»	14094	»
	25	» IDEM,	magasinage et commission	20	»	585	60
						14679	60

Doit. COMPTE

1844								
Janvier	13	par JAVEL,	m/ paiement en espèces.......	3	2	164	»	s
Février	3	» GARNOT,	idem........................	6	2	337	»	s
	»	» NAULAY,	idem........................	6	2	216	»	s
	»	» DUFOR,	*idem*........................	6	2	100	»	s
	22	» N. DURAND et Cie,	retour sur Poitiers	11	»	1024	»	s
	23	» IDEM,	retard et commission	12	7	10	»	s
	29	» FOREST,	m/ remise en espèces..........	12	2	1500	»	s
Mars. .	8	» BOUTARD,	protêt et compte de retour......	15	»	65	65	s
	11	» JANET frères et Cie,	retour de m/ mand/ et lettres	16	10	2794	40	s
	19	» OZOU frères,	produit net de 30 sacs farine....	17	4	1403	70	s
						7614	75	

DE GERBIS NEVEU. Avoir.

1844							
Février	20	par CAISSE,	1 balle grége de pays.........	10	2	3087	»
Mars..	1	» DIVERS,	1 idem..................	13	»	3384	»
						6471	»

DE ROBERT. Avoir.

1844							
Mars..	25	par MARCH^es GÉNÉR^les,	120 ton..................	19	3	14040	»
	»	» ROBERT,	solde....................	20	14	639	60
						14679	60

DE DIVERS. Avoir.

1844								
Janvier	2	à JAVEL,	son mémoire de menuiserie....	1	1	164	»	s
	4	» DUFOR,	1 calorifère.................	1	1	100	»	s
Février	1	» GARNOT,	s/ facture..................	5	3	337	»	s
	»	» NAULAY,	idem......................	5	3	216	»	s
	17	» FOREST,	30 sacs farine de Beauce......	10	4	1500	»	s
	23	» N. DURAND et Cie,	divers objets................	12	»	1034	»	s
Mars..	9	» BOUTARD,	reprise des frais ci-contre......	15	2	65	65	s
	12	» JANET frères et Cie,	reprise de m/ mand/ en retour..	16	5	2793	60	s
	»	» IDEM,	ports de lettres annulés........	16	7	»	80	s
	23	» OZOU frères,	reçu desdits en espèces.......	19	2	1403	70	s
						7614	75	

F° 10.

Doit. BARBIER,

1844							
Janvier	2	à CAISSE,	m/ versement à sa caisse.......	1	2	9000	»
	16	» EFFETS A RECEVOIR,	m/ remises sur divers.........	3	5	1624	80
	19	» DENTUT,	m/ remise sur Dôle............	3	11	2125	80
Février	4	» EFFETS A RECEVOIR,	m/ remises sur divers.........	6	5	4000	»
	24	» DIVERS,	m/ remise de divers objets	12	»	2026	»
Mars..	6	» CAPITAL,	m/ versement à sa caisse.......	15	1	8400	»
	7	» SOIES,	m/ remise sur Amiens........	15	4	2793	60
	31	» PROFITS ET PERTES,	intérêts	22	7	59	05
						30029	25
Avril..	1	à Cte ANCIEN,	solde ancien, valeur du 31 mars,	2	10	13681	75

Doit. GABARROT,

1844							
Mars..	31	» Cte NOUVEAU,	solde à nouveau..............	2	10	12150	»
						12150	»

Doit. CABOT,

1844							
Janvier	23	à BARBIER,	payé à Robert...............	4	10	2000	»
Février	5	» DIVERS,	m/ remises..................	7	»	8000	»
Mars..	26	» DRAPS DE LOUVIERS,	s/ traite ord/ Huard	20	4	4000	»
	31	» PROFITS ET PERTES,	intérêts et commission........	22	7	96	30
	»	» Cte NOUVEAU,	solde à nouveau........ .. .	2	10	3528	95
						17625	25

F° 10.

A PARIS. **Avoir.**

1844							
Janvier	23	par Cabot,	m/ bon sur sa caisse..........	4	10	2000	»
	25	» Marchses générles,	m/ remise sur Dôle rendue.....	4	3	1200	»
Février	4	» Caisse,	reçu à sa caisse.............	6	2	4000	»
	5	» Cabot,	s/ remise sur Marseille........	7	10	2000	»
	22	» N. Durand et Cie,	retour sur Poitiers...........	11	9	1022	70
Mars..	2	» Gerbis neveu,	s/ mand/ sur Albi............	13	13	3276	85
	11	» Janet frères et Cie,	retour sur Amiens et lettres.....	16	9	2794	40
	31	» Profits et pertes,	change de place et commission..	21	7	53	55
	»	» Cte nouveau,	solde à nouveau.............	2	10	13681	75
						30029	25

A PARIS. **Avoir.**

1844							
Janvier	1	par Caisse,	reçu en espèces..............	1	2	12000	»
Mars..	31	» Profits et pertes,	3 mois d'intérêts.............	21	7	150	»
						12150	»
Avril..	1	par Cte ancien,	solde ancien.................	2	10	12150	»

A MARSEILLE. **Avoir.**

1844							
Janvier	30	par Soies de Cabot,	produit net de 2 balles de soie...	5	8	10735	85
Février	19	» Caisse,	m/ mandat...................	10	2	1200	»
Mars..	20	» Soies de Cabot,	produit net de 2 balles de soie..	18	8	5689	40
						17625	25
Avril..	1	par Cte ancien,	solde ancien.................	2	10	3528	95

F° 11.

Doit. BERTET,

1844							
Janvier	5	à SOIES,	1 balle organsin.............	2	4	2424	80

Doit. TRIOT,

1844							
Janvier	12	à EFFETS A PAYER,	s/ traite....................	2	5	1500	»
Février	13	» DIVERS,	retour sur Paris avec frais......	9	»	561	»
						2061	»
Avril..	1	à Cte ANCIEN,	solde ancien................	2	11	384	10

Doit. DENTUT,

1844							
Janvier	17	à SOIES,	1 balle trame de pays.........	3	4	2125	80

Doit. BARBEY,

1844							
Janvier	29	à SOIES DE CABOT,	1 balle mi-perlée, Brousse......	4	8	5888	»

A VALENCIENNES. Avoir.

1844 Janvier	8	par Effets a recevoir,	s/ billets à m/ ord/.	2	5	2424	80

A POITIERS. Avoir.

1844 Janvier	13	par Effets a recevoir,	s/ remises sur Paris	3	5	1292	75
Mars. .	29	» Profits et pertes,	abandon de 50 p. °/o..........	20	7	384	15
	31	» Cie nouveau,	solde à nouveau.............	2	11	384	10
						2061	»

A DOLE (Jura.) Avoir.

1844 Janvier	19	par Barbier,	m/ traite sur Jamin..........	3	10	2125	80

A PARIS. Avoir.

F° 12.

Doit. **DENIS,**

1844							
Février	1	à DIVERS,	divers objets................	5	»	1319	»
	12	» IDEM,	idem......................	8	»	3081	»
Mars. .	21	» IDEM,	m/ remise sur Louviers.......	18	»	150	»
	31	» Cte NOUVEAU,	solde à nouveau	2	12	3790	»
						8610	»

Doit. **MUTEAU,**

1844							
Février	6	à DIVERS,	m/ remise sur Louviers.......	7	»	2880	»

Doit. **NICOLIN,**

1844							
Février	3	à DIVERS,	m/ facture.................	6	»	5524	»
						5524	»
Avril	1	à Cte ANCIEN,	solde ancien	2	12	3064	»

A LOUVIERS. **Avoir.**

1844							
Février	1	par MARCH^ses^ GÉNÉR^les^,	5 pièces de drap..	5	3	4400	»
Mars. .	21	à DIVERS,	s/ facture...................	19	»	4240	»
						8640	»
Avril. .	1	par Cte ANCIEN,	solde ancien................	2	12	3790	»

A LOUVIERS, **Avoir.**

1844							
Février	2	par DRAPS DE LOUVIERS,	4 pièces......................	6	4	2880	»

A AMIENS. **Avoir.**

1844							
Février	11	par DRAPS DE LOUVIERS,	retour de 2 pièces............	8	4	2160	»
	14	» MARCH^ses^ G^les^,	différence sur [illegible]0 douz. fichus...	9	3	300	»
Mars. .	31	» Cte NOUVEAU,	solde à nouveau.........	2	12	3064	»
						5524	»

F° 13.

Doit. GERBIS NEVEU

1844							
Février	21	à DIVERS,	divers objets.................	11	»	3000	»
Mars ..	2	» BARBIER,	m/ remise sur Albi...........	13	10	3276	85
						6276	85

Doit. LOMBARD

1844							
Février	27	à EFFETS A PAYER,	s/ traite ord/ Thiviers.........	12	5	1500	»

Doit. PONAT

1844							
Mars. .	1	à EFFETS A RECEVOIR,	m/ remise sur Lyon...........	13	5	1000	»
	27	» CAISSE,	s/ traite à 8 jours de vue.......	20	3	5112	85
						6112	85

Doit. DUPRÉ

1844							
Mars. .	5	à DIVERS,	m/ facture..................	14	»	2064	»

F° 13.

A MONTAUBAN. **Avoir.**

1844						
Mars ..	2	par SOIES DE GERBIS nev., solde dudit compte............	13	9	6276	85
					6276	85

A LYON. **Avoir.**

1844						
Mars. .	31	par CRÉANCES DOUTEUSES, balance.	21	8	1500	»

A LYON. **Avoir.**

1844							
Mars. .	8	par BOUTARD,	frais et compte de retour.......	15	9	52	85
	10	» RUETTE,	compté audit................	16	14	3000	»
	17	» IDEM,	espèces et commission.........	17	14	3060	»
						6112	85

A MELUN. **Avoir.**

1844							
Mars. .	9	par DIVERS,	montant de m/ envoi refusé.....	15	»	2064	»

F° 14.

Doit. VILCOQ.

1844							
Mars. .	9	à Dupré,	m/ facture.................	16	13	1904	»

Doit. RUETTE.

1844							
Mars. .	10	à Ponat,	compté par ledit.............	16	13	3000	»
	17	» Divers,	compté par Ponat et commission.	17	»	3090	»
						6090	»

Doit. ROBERT

1844							
Mars. .	25	à Huile de Robert,	frais et commission...........	20	9	639	60
	31	» Cte nouveau.	solde à nouveau...............	2	14	13400	40
						14040	»

Doit. CORNIER.

1844							
Mars. .	22	à Divers,	m/ facture..................	19	»	1056	70
	28	» Idem,	retour s/ Paris avec cte de retour.	20	»	525	75
						1582	45
Avril. .	1	à Cte ancien,	solde ancien.................	2	14	932	45

MELUN. **Avoir.**

PARIS. **Avoir.**

1844						
[M]ars. .	18	par CAISSE, reçu en espèces.............	17	2	6090	»
					6090	

MARSEILLE. **Avoir.**

1844						
[M]ars. .	21	par HUILE DE ROBERT, 120 ton. huile de colza........	18	9	14040	»
					14040	
[A]vril. .	1	par Cte ANCIEN, solde ancien	2	14	13400	40

DIJON. **Avoir.**

1844						
[M]ars. .	22	par DIVERS, ses remises.................	19	»	650	»
	31	» Cte NOUVEAU, solde à nouveau.............	2	14	932	45
					1582	45

RÉPERTOIRE DU GRAND LIVRE.

FIN DU SECOND VOLUME.

OUVRAGES DE COMPTABILITÉ DE M. HIPPOLYTE VANNIER

Premières Notions du Commerce et de la Comptabilité, renfermant les définitions des divers commerces, termes et usages; les opérations les plus habituelles du commerce; la manière de les porter à la main courante; la manière de faire les factures, les effets de commerce, les bordereaux d'escompte, les comptes de retour, les bons de caisse, les lettres de voiture, les comptes d'achat et de vente, les déclarations de douane, etc.; la manière de tenir les livres auxiliaires; en un mot, toutes les connaissances qu'il faut avoir pour étudier le commerce et la comptabilité. 1 vol. in-12.................................. 2 fr. 25 c.

Tenue des Livres des Commerçants et des Commissionnaires, renfermant deux comptabilités et sept séries d'exercices composés de 200 exemples variés. 1 vol. in-12.................. 2 fr. 50 c.

Traité des Changes et des Arbitrages, renfermant les monnaies de compte des principales places de l'étranger, les fonds publics, les matières d'or et d'argent, les cotes chiffrées, les prix de revient ou de vente des valeurs prises ou négociées dans plusieurs places, les ordres de banque, les frais de commission, de courtage, etc., et les cotes chiffrées dans les places étrangères. 1 vol. in-12.............. 4 fr. » c.

SOUS PRESSE :

Traité des Comptes en Participation du Commerce et de la Banque, *des comptes mon compte et des comptes son compte.* 1 vol. in-12.

Comptabilité des Commerçants, des Banquiers, des Associés, des Armateurs et des Négociants de tous les pays, présentant des opérations de toute nature, combinées dans les monnaies des divers peuples, et formant des comptabilités partielles qui coïncident et se fondent dans une comptabilité générale. 1 vol. in-12.

La Tenue des Livres telle qu'on la pratique réellement dans le commerce et dans la banque, *ouvrage employé dans les Collèges et dans les Ecoles supérieures de la Ville de Paris et des principales villes de France, comme la meilleure méthode de tenue des livres qui ait paru jusqu'à ce jour.*

1re Partie. — Méthode renfermant une comptabilité de 80 articles variés. 1 vol. in-8............................. 3 fr. » c.

2e Partie. — Exercices pratiques, composés d'une comptabilité de 120 articles variés, 1 vol. in-8...................... 3 fr. 50 c.

3e Partie. — Tenue des livres des négociants et des associés, renfermant trois comptabilités et une liquidation, composées ensemble de 220 articles variés. 1 vol. in-8............ 5 fr. 50 c.

Notions d'Arithmétique commerciale, ou Moyen d'apprendre, en neuf leçons et sans maître, à *calculer aussi vite que la pensée :* 1° les Intérêts, quels que soient le taux et le nombre des jours; 2° l'Escompte; 3° le Bordereau d'Escompte; 4° le Prix de Vente pour gagner tant pour %, soit sur le prix de revient, soit sur le chiffre de la vente. 1 vol. in-8. 1 fr. » c.

Traité pratique des Comptes courants portant intérêts, seule méthode complète et usuelle, renfermant 41 exercices établis d'après toutes les méthodes connues, et accompagnés de raisonnements à la portée de tout le monde. 1 vol. in-8................ 2 fr. 50 c.

TYPOGRAPHIE HENNUYER, RUE DU BOULEVARD, 7. BATIGNOLLES.
Boulevard extérieur de Paris.

www.ingramcontent.com/pod-product-compliance
Ingram Content Group UK Ltd.
Pitfield, Milton Keynes, MK11 3LW, UK
UKHW012027240726
13965UKWH00002B/615